中公新書 2493

牧野成一著

日本語を翻訳するということ
失われるもの、残るもの

中央公論新社刊

はじめに

はじめに本書の目的を説明しておきます。『日本語を翻訳するということ　失われるもの、残るもの』というタイトルからわかるように、日本語を翻訳するということがどういうことかを、みなさんが学校教育で学んできた英語を使って一緒に考えていきたいと思います。

ただし、「日本語を英語に翻訳するということ」ではありませんね。どうしてでしょうか。私が本書で書いたのは、日本語から英語という場合だけに当てはまる翻訳論ではなく、原理的には日本語をどの言語に翻訳するときにも当てはまるものだと思うからです。副題の「失われるもの、残るもの」が意味するのは「すべての翻訳には失われるものがあり、同時に失われずに残るものがある」ということです。それが何かを探ることによって、日本語を日本語らしくしているものも明らかになっていきます。

本書では多くの文例を文芸作品から選んでいます。もちろん、日本語から外国語に翻訳をするのはなにも文芸作品に限られているわけではありませんね。翻訳の対象は無数にあります。そのなかで、ただひとつ言えることは、文芸は人間の情意（パトス）と関わりますから、それを日本語以外の言語に翻訳するのは往々にして至難のわざだということです。その一方で、日本語で書かれた文学が翻訳されるケースは明治期を境に増え続けています。そこで生じて

いる問題を、古典文学から現代文学まで幅広く取り上げながら見ていきましょう。

* * *

本書の章のテーマは次の通りです。

序　　章：翻訳とは、つまり、何だろう？
第1章：こぼれ落ちる響き
第2章：ひらがな、カタカナ、漢字
第3章：比喩は翻訳できるのか
第4章：過去の話なのに、現在形？
第5章：日本語の数はおもしろい
第6章：「ですます」が「である」に替わるとき
第7章：受動文の多い日本語、能動文の多い英語
第8章：翻訳に見る「日本語」の文体

この本は、読み手と話し合う姿勢で書いたつもりです。そこで、みなさんに自分の頭で考えてもらえるよう、随所に質問を書いておきました。その質問は往々にして正解のない質問です。ぜひ先を急がず、じっくり考えてみてください。また、単に翻訳論というだけでなく、文体と文学の関係などにも触れています。ですので、日本語教育や日本語の言語学を教えている先生方が教科書として使うこともできるでしょう。

みなさんがふだん意識せずに使っている日本語を、いつもとは違う角度から見つめることで、新たな発見が得られたならとても嬉しいです。

日本語を翻訳するということ
目　次

はじめに　i

序章　翻訳とは、つまり、何だろう？ ── 3

- 0-1　重訳も翻案も通訳も　3
- 0-2　本書の目的　4
- 0-3　消える音　5

第1章　こぼれ落ちる響き ── 7

- 1-1　詩を翻訳すると？　7
- 1-2　日本語の擬音語と擬態語の英訳はできるか　9
- 1-3　口蓋音と鼻音は心理的な距離感を表せるか　13

第2章　ひらがな、カタカナ、漢字 ── 19

- 2-1　4つの表記法　19
- 2-2　原語の句読点は翻訳できるか　34
- 2-3　書字方向──縦書きか、横書きか　38

第3章 比喩は翻訳できるのか —— 45

- 3-1 直喩（シミリー） 48
- 3-2 隠喩（暗喩） 50
- 3-3 擬人化 55
- 3-4 提喩（シネクドキ） 62
- 3-5 換喩（メトニミー） 65
- 3-6 創造的な比喩の翻訳 70

第4章 過去の話なのに、現在形？ —— 75

- 4-1 現在形と過去形しかない日本語 75
- 4-2 意識の流れを、現在形で 79
- 4-3 リービ英雄の時制 81
- 4-4 日本語の再構成 84

第5章 日本語の数はおもしろい —— 91

- 5-1 「無数」とは？ 91
- 5-2 複数標示の「タチ」は一体何か 98

第6章 「ですます」が「である」に替わるとき ― 105

- 6-1 コミュニケーションの矛先 105
- 6-2 追憶の独り言 108
- 6-3 「発話権」に注目すると 111
- 6-4 モダリティはウチ形につく 114

第7章 受動文の多い日本語、能動文の多い英語 ― 119

- 7-1 受動態の声 119
- 7-2 自発態の声 131
- 7-3 可能形の声 138

第8章 翻訳に見る「日本語」の文体 ― 149

- 8-1 繰り返しと翻訳 149
- 8-2 省くか、繰り返すか、それが問題だ 155
- 8-3 リズムと繰り返し 165

まとめ　181

参考文献　185
- 日本語文献
- 英語文献
- 引用文芸作品

DTP　市川真樹子

日本語を翻訳するということ

失われるもの、残るもの

| 序章 | 翻訳とは、つまり、何だろう？ |

0-1 重訳も翻案も通訳も

翻訳を考えるとき、あなたはどんなことを考えますか。そもそも翻訳とは何なのでしょうか。ある言語を全くか、ほとんどわからない人が読めるように、その人の母語か、熟知している言語に移し替えることですね。

さらに、翻訳者が翻訳する言語は外国語とは限りません。それは、日本人が『源氏物語』などの古文を現代日本語に翻訳するような場合です。また、同じ言語の中の方言(たとえば、琉球方言で書かれた古代歌謡「おもろさうし」)を東京方言に翻訳することもあります。ほかに、英語から日本語への翻訳はできる人が、たとえば、ロシア語はよくわからないので、すでにロシア語から英語に翻訳された文学作品などを参考にして英語から日本語に翻訳することもあります。これはいわゆる「重訳」です。明治時代にはこの重訳はよくありました。

さらに「翻案」と呼ばれるものがあります。これは原作を忠実に移し替えるのではなく、原作をさまざまな程度に作り変えたものです。たとえば、映画『スター・ウォーズ』にはその小説版があります。この場合は映像から活字

に媒体を替えたのですから、極端な翻案の例だと言えるでしょう。「パロディ」のように、原作の揶揄や風刺を目的にした模倣も一種の翻訳だと言っていいでしょう。

普通「翻訳」というと書かれたものの翻訳を指します。話されたものの場合は「通訳」(「逐一通訳」と「同時通訳」)で、「翻訳」とは区別されますが、基本的には同じ移し替えの行為です。通訳は言語音から言語音へ移し替えるのが普通ですが、映画の字幕のように、元の言語音を文字化し、吹き替える場合もあります。しかし、スクリーンに原音を残すのが普通です。

このように翻訳には色々な種類がありますが、本書では書かれたものの翻訳、それも翻訳が最も難しいとされている文芸作品を日本語から英語に翻訳する場合に限ってお話しします。

0-2　本書の目的

本書の目的は2つあります。1つは、どんなに優れた翻訳であっても原文(本書では日本語)の機微を別の言語(本書では英語)に移し替えられないものが何かを明らかにすることです。みなさんは英文和訳や和文英訳をしたことがありますよね。そのときに「直訳」とか「意訳」ということばを聞いたことがあると思います。「直訳」は原文へあまりにも忠実すぎて翻訳を読む人には不自然で読みにくいです。「意訳」は逆に原文からあまりにも離れすぎて、原文への忠実さを無視する問題が出てきます。こうした、翻訳によってこぼれてしまうものを明らかにすることで、翻

訳対象の日本語と被翻訳対象の英語の間の深い差を見つけ出します。

　2つ目は、翻訳を通して日本語と英語が深層でどう異なっているかその「認知的な視点」の違いを明らかにすることです。「認知的な視点」というのは、人が外にあるものを心理的にどう捉えるかということと関わります。それは、言語と文化によっても異なりますが、個人によっても異なります。通常、翻訳者は原語の言語・文化のもつ認知上の特徴をぎりぎりまで翻訳に生かそうとします。生かせない部分は翻訳では消えてしまいます。本書に出てくる翻訳者たちは日本語を英語に翻訳しながら、日本語と英語の間を行き来し、翻訳で消えていく日英語それぞれの認知法を発見しているはずです。初めにおことわりしておきますが、本書は翻訳の技術的な方法を書くことは目的にしていません。本書では随所に「日本語人」「英語人」という聞きなれない言葉を使っているのでここで説明をしておきます。「日本語人」は日本語の母語話者だけではなく、最近どんどん増えてきている日本人以外の日本語使用者も含めた総称です。「英語人」は英語の母語話者だけではなく英語を使用している日本人などを含めた総称です。

0-3　消える音

　翻訳で消えるものとして一番はっきりしているのは、原語のもつ「音」です。これは仕方がありませんね。原語の「音」を消して、翻訳に使う言語（翻訳語）の音に替えざるを得ません。つまり「意味」を翻訳し伝達することで満

足しなければならないということです。たとえば、日本語の詩を英訳するとき、翻訳者は日本語とは異なる英語の詩作方法で原詩の意味を再構築するのです。

私はアメリカ生活が長いので日本語を距離をおいて見つめる姿勢で本書を書いていきます。みなさんは、「なんだ、こんなこと日本人としてわかっているよ」と思う内容があるかもしれません。しかし、私は一見単純な表層の下に隠れているために気がつきにくい深層を読者のみなさんと一緒に、発見していきたいのです。そのために私はすべて「です／ます」体でみなさんに語りかけるように書いています。ときどき質問もしますから、続けて書かれている私の考えを読む前に自分で考えてください。正解は1つとは限りません。いや、正解のない質問を出します。さらに、日本語が読める日本人以外の人々にも読んでもらいたいのでできるだけややこしい述語を避けて読みやすい日本語で書いていくつもりです。

それではさっそく第1章の「翻訳にとっての音声」というテーマについて考えてみましょう。

第1章　こぼれ落ちる響き

1-1　詩を翻訳すると？

　はじめから翻訳の課題を出します。金子みすゞという詩人（1903〜1930）が書いた「大漁」という短い詩を、英語に翻訳してみてください。単語がわからなければ、辞書を使ってもいいです。便宜上、各行に番号がつけてあります。行末の数字は拍です。

　　［1］朝焼　小焼だ（4−4）
　　［2］大漁だ（5）
　　［3］大羽鰮の　大漁だ。（7−5）

　　［4］浜は　祭のようだけど（3−9）
　　［5］海のなかでは　何万の（7−5）
　　［6］鰮のとむらいするだろう。（8−5）

　何が一番難しかったですか。文の構造はやさしいし、単語は辞書を見れば出ているし、そんなに難しくありませんね。鰮のとむらいをしているのはだれですか。この詩は何を言いたいのだと思いますか。金子はだれの視点でこの詩

を書いていますか。そうです、鰯の身になって書いていますよね。下のウェッブ上で見つけた英訳（"A Big Catch"）はいい翻訳だと思いますが、原詩の拍によるリズムは消えてしまいます。

[1] In the morning glow
[2] There was a big catch,
[3] A big catch of large-size sardines!

[4] On the shore people are making merry.
[5] But in the ocean sardines must be mourning
[6] For the tens of thousands of their fellows.

　文芸作品の中では韻文、とりわけ詩は音自体が生命ですから、その消失感は大きいです。音への依存度が高い詩にとって原語の音が消えてしまうことは致命傷といえるからです。さらに、音と言ってもそれぞれのことばの持つ音だけではなく、リズム（拍）やハーモニーが絡んでいます。そこで、詩の原語が読めない人は翻訳を読みながら、原詩の朗読を聴くというのはいかがでしょうか。そうすれば原音をかなり味わうことができるでしょう。

　金子のこの詩は童謡としてすばらしい合唱音楽になっているので、日本語がわからない英語人も、それを聴きながら原詩を聴くと消えた音を一行一行聞き取ることができます。もともとことばは音楽です。詩のことばに曲をつければ、言葉はいっそう音楽に近くなるのです。

　さて、原詩の［6］には「とむらいする」の主語があり

ませんが、英訳ではちゃんと［5］に *sardine*（いわし）と出ていますね。それは、日本語では主語が何を指すかがわかるときは主語を省略するのに対して、英語では主語をはっきり表現しなければならないからです。*sardine* という主語を明示することで「人は魚の視点からものを見なければならない」という金子みすゞの鰯への「共感」は英訳でもそのまま伝わってきます。ただし、神道に根ざす「大漁の祭り」の文化的側面は英語人の読者にはまずわからないでしょう。

1-2 日本語の擬音語と擬態語の英訳はできるか

　擬音語、擬態語などのいわゆるオノマトペは大なり小なりどの言語にもあります。日本語や韓国語などには実に豊かなオノマトペがあります。日本語には4000語以上もあり、しかも、マンガなどでは新しいオノマトペがどんどん創られています。擬音語は「ワンワン」（bow waw）、「ニャアオ」（meow）、「コケコッコー」（cock-a-doodle-doo）のような鳴き声や、「ガチャガチャ」「ドシン」「ぱちぱち」のような物音を模写しているからわかりやすいです。しかし、擬態語は「すらり」「ぴかぴか」「のっぺり」などの視覚映像や「しょんぼり」「ぎくっと」「がっくり」などの心理、「のそのそ」「さっと」「ぐずぐず」「きびきび」などのように動作を表すために英語に翻訳するのが難しくなります。理由はおそらく日本語は聴覚―視覚型であるのに対して、英語は視覚型だからだと考えられます。擬音語は英語にもありますが、英語ではオノマトペを使うと子供っぽい

という印象が強く、それをそのまま英訳に使うことをしません。そのことを示すために、オノマトペを好んで使う宮沢賢治の童話『銀河鉄道の夜』(1934) から採った次の一節を読んでください。そして、下線が引いてある4つのオノマトペを文脈の中で英訳したらどうなるかを考えてください。

[1]「月夜でないよ。銀河だから光るんだよ。」ジョバンニは云いながら、まるではね上りたいくらい愉快になって、足を<u>こつこつ</u>鳴らし、窓から顔を出して、高く高く星めぐりの口笛を吹きながら一生けん命延び上がって、その天の川の水を、見きわめようとしましたが、はじめはどうしてもそれが、はっきりしませんでした。[2] けれどもだんだん気をつけて見ると、そのきれいな水は、ガラスよりも水素よりもすきとおって、ときどき眼の加減か、<u>ちらちら</u>紫いろのこまかな波をたてたり、[3] 虹のように<u>ぎらっと</u>光ったりしながら、声もなく<u>どんどん</u>流れて行き、野原にはあっちにもこっちにも、燐光の三角標が、うつくしく立っていたのです。

どんな英訳を考えてみましたか。[1]の「こつこつ」だけが擬音語で、[2]「ちらちら」、[3]「ぎらっと」「どんどん」は擬態語です。どれも難しかっただろうと思います。

それでは『銀河鉄道の夜』を英訳しているジョセフ・シグリストとD・M・ストラウドはオノマトペをどう訳しているでしょうか。原文のオノマトペに対応する訳文と比べてみてください。

第1章　こぼれ落ちる響き

[1] "That's not moonlight — it's the light of the Milky Way," said Giovanni, and, <u>scraping</u> his feet as he swung from the window's edge, he put his head out of the train and whistled shrilly into the stars. Stretching as far as he could, he tried to see if there was any water in that heavenly river, but, at first, no matter how hard he tried he couldn't make it out clearly. [2] But gradually, as he looked more intently, that clear water — more transparent than glass, or even hydrogen — <u>broke into tiny</u> purple waves (or was it his eyes?) and, <u>sparkling</u> like a rainbow, <u>flowed soundlessly on</u>.

[1] の「こつこつ」は "scraping"、[2] の「ちらちら」は "broke into tiny (purple waves)"、「ぎらっと」は "sparkling"、「どんどん」は "flowed soundlessly on" となっています。日本語でオノマトペが使われている箇所はすべて、英訳では副詞や動詞に置き替えられています。ただし、[1] の "scraping" の [sk-] と [2] の sparkling の [sp-] の子音の連続音は摩擦音の [s] と破裂音の [k] や [p] と繋がっていてオノマトペらしい音になっています。実は英語にはこのようなオノマトペの機能を持った子音が続くことがほかにもあります。たとえば、次のようなものです。

[fl-] 動く光：
fl-ash（ぴかっと光る）/ *fl-are*（めらめらと燃える）/ *fl-ame*（燃え立つ）/ *fl-icker*（火がちらちらする）

[gl-] 動かない光:
gl-ow（熱と光を出して輝く）/ *gl-are*（ぎらぎら光る）/ *gl-eam*（かすかに光る）/ *gl-int*（きらきら光る）/ *gl-imm-er*（ちらちら光る）

[sl-] 湿っていて滑るもの:
sl-ime（どろどろした）/ *sl-ush*（ぬかるみ）/ *sl-op*（水っぽい食べ物）/ *sl-obber*（だらだらよだれをたらす）/ *sl-ip*（滑る）/ *sl-ide*（滑る）

[kr-] やかましい音:
cr-ash（がちゃがちゃ）/ *cr-ack*（はじける音を出す）/ *cr-eak*（きゅうきゅうきしむ）/ *cr-unch*（かりかりする）

つまり英語でもオノマトペに近い2つの連続する子音で翻訳することができるのです。

アメリカの神経生物学者のマーク・チャンギージーは、言語人類学者のエドワード・サピアが言語音の自然発生説に反対したのに対して、「ぶつかる」（hit）、「滑る」（slide）、と「鳴る」（ring）という物理的な出来事が出す音から、それぞれ、[p]/[b]、[t]/[d]、[k]/[g] のような破裂音、[s]/[z]、[f]/[v]、[sh]/[th] のような摩擦音、そして [r] [l] [y] [w] [m] [n] のような共鳴音ができあがったのではないかという興味深い説を提案しています。つまり、破裂音、摩擦音、共鳴音は「自然の音」と結びついているという説です。

この説の延長線上に、自然との共存意識の強い日本人は

第 1 章　こぼれ落ちる響き

自然環境から音を吸収することに強い興味を持っていて、多くの擬音語、さらには擬態語を作ってきたのではないかという仮説が成り立つのではないでしょうか。英語にオノマトペが少ないという事実は「音」と「意味」との自然な関わり方が弱いということではないかと考えられます。

　ここで、もう一点、オノマトペに関わることで私が偶然見つけたことについて触れたいと思います。

1-3　口蓋音と鼻音は心理的な距離感を表せるか

　まず、次のAとBの2つのグループのオノマトペを比べて、それぞれのグループにどんな特徴があるかを、声に出して読み上げながら考えてみてください。

【A】かちかち、かつかつ、からから、かりかり、からっと、がっくり、がっしり、がたがた、がちがち、がつがつ、がっぷり、がらっと、きちきち、ぎちぎち、きっちり、きっと、きっぱり、きらきら、ぎらぎら、きりきり、ぎりぎり、きりっ、ぎくしゃく、ぎすぎす、ぎくっと、ぎくり、ぎちぎち、ぎっくり、くっきり、ぐっと、くよくよ、くらっと、くりくり、くるっと、ぐぐっと、ぐさっ、ぐさり、ぐしょぐしょ、ぐずぐず、ぐっすり、ぐっと、ぐらり、ぐるっと、けばけば、けろっと、げっそり、こっそり、ごっそり……

【B】なよなよ、にたり、にっと、にっこり、にやにや、にょろにょろ、にょろり、にゅっと、にゅるっと、にゅる

にゅる、にゅるり、にんまり、ぬめぬめ、ぬらぬら、ぬらりくらり、ぬるっ、ぬるぬる、ぬるり、ねちねち、ねとねと、ねとっと、ねっとり、ねばねば、のしのし、のそのそ、のそり（のそり）、のっぺり、のびのび、まざまざ、まじまじ、むずむず、むちむち、むっちり、むっつり、むにゃむにゃ、むらむら、むんむん、めそめそ、めらめら、めろめろ、もうもう、もさっ、もさもさ、もじもじ、もじゃもじゃ、もそもそ、もぞもぞ、もちもち、もやもや、もりもり……

どちらも大多数が擬態語ですが、下線がつけてあるオノマトペは擬音語としても使えるものです。
　【A】は「かきくけこ」「がぎぐげご」が語頭に来ていますね。【B】は「なにぬねの」「まみむめも」が語頭に来ています。この２つのオノマトペでは音から受ける聴覚印象はどう違うでしょうか。
　【A】で多用したカ行とガ行（[k]/[g] の破裂音）の音は、舌と口蓋――口の上の固い部分――を使って出す「口蓋音」です。一方、ナ行（ニャ行）とマ行（ミャ行）は、鼻の通気を使って出す「鼻音」で、[m] と [n]、そして [N]（ン）の音です（ん、は語頭には来ない鼻音なので例からは除外してあります）。
　私は、口蓋音を含む擬音語・擬態語はどちらかというと、鋭角的で、固く、物理的で、人を寄せ付けないような心理的な距離が感じられないか、そして、口蓋音とは対照的に鼻音のほうは柔らかい響きで、感覚的（とりわけ触覚的）で、何か近い距離感を表現する音ではないか、という直感を持

第1章 こぼれ落ちる響き

ちました。

　私はさらにこの観察を発展させ、オノマトペ以外でも、口蓋破裂音で始まる文法要素と、鼻音で始まる文法要素とでは認知的な捉え方に違いがあるのではないか、という仮説を1999年に発表しました。どういう違いかと言うと、対象と距離を置いて客観的な事実を表現する際には口蓋破裂音を含む語が選ばれ、主観的な気持ちを表現するときは鼻音を使った語が選ばれているのではないかという仮説です。わかりやすい具体例を挙げて、口蓋音と鼻音の対立を記述してみたいと思います。口蓋音と鼻音の意味の微妙な違いが英語に翻訳ができるかを知るのが目的です。

「ので」か、「から」か

　そこで、次の【a】から【d】の4つの実例を読んで、あなたがこの文・文章を書くとしたら、口蓋音系を選ぶか、それとも鼻音系を選ぶか、そして、英訳するとどうなるかも考えてみてください。

　【a】セーター、編んだ{ので／から}送ります。素敵なピンクでしょ。車椅子でも颯爽としていてね。
　　（21歳の女性。『日本一短い「母」への手紙』1994年）
　I've finished knitting a sweater for you, so I'll send it to you. Pink is great, isn't it?
　Mom, just ride in a wheel chair elegantly!

　【a】は理由を表す接続詞「ので」か「から」の選択です。これは「から」と「ので」のどちらを選びますか。この文

を書いた女性は「ので」を選んでいます。それはどうしてだと思いますか。「ので」を選ぶと、その鼻音の「共感」効果で、お母さんがきっとセーターを喜んでくれると思い、わくわくしながら、母に寄り添った気持ちが表現できます。さらに、「ので」の選択の背後には「セーター編めたんです」という母への優しい気持ち——共感の心理——を示す文末の「んです」が込められています。この手紙を読む母親も娘の親思いに感動するでしょう。

それに対して「から」を選ぶと、口蓋音の冷たい音のため「この女性はどうでもいい」という距離をおいた心理で理由を述べているというニュアンスが出てきます。「素敵なピンクでしょ。車椅子でも颯爽としていてね」という文が空々しく聞こえます。「ので」は聞き手／読み手に情意的に訴えるという機能があるのに対して、「から」の方にはその機能がゼロではないにしても、かなり弱いのではないか、というのが私の考えです。ここでも英語の "because" や "since" では表現できず、日本語の口蓋音と鼻音の微妙な心理の違いは英語では消えてしまいます。

【b】あなた ｛から／に｝ もらった物は数多く 返せる物は とても少ない。　　　　　　　　　（21歳の女性）
I received a lot of things <u>from</u> you but I could hardly repay your gifts.

【b】の助詞の「から」と「に」は「あなた」（＝母親）が書き手にさまざまな物を与えた人物であることを示す助詞です。どちらを書き手は選んだと思いますか。実は「か

第1章　こぼれ落ちる響き

ら」です。鼻音である「に」が対象と距離が近い共感のマーカーなら、どうしてこの手紙を書いた女性は愛する母親に「あなたにもらった物」と書かずに、「あなたからもらった物」と、口蓋破裂音 [k] をふくむ「から」を用いて（心理的な距離をおいて）、書いていると思いますか。

「あなたにもらった物は…」と書くと５－７調が４－７調になり、リズムが崩れるから「あなたからもらった物」としたのでしょうか。そうではありません。そもそも「あなた」というのは「（お）母さん」などと比べて距離感のある呼びかけ方ですが、ここを「母さんにもらった物」と書けば、５－７調のリズムを崩さず、書けたはずです。では、どうして心理的な距離感を表現する「あなた」と「から」を母親に使ったのでしょうか。

　それは書き手が「返せる物はとても少ない」と思うほど、母親に対して尊敬の念を感じているためではないでしょうか。母への尊敬の思いを「に」ではなく「から」の距離感で表現したのだと私は思います。英訳では使える前置詞は"from"しかないので日本語のこうした微妙な距離感を音声で区別することはできないのです。

　次も同じ出典からの例です。この実例では書き手は「けど」と「のに」のどちらを、どうして選んだと思いますか。

【c】「私、母親似でブス」娘が笑って言うの。私、同じ事泣いて言った {けど／のに}。ごめんね、お母さん。
　　　　　　　　　　　　　　　（38歳の女性。同上）

My daughter said laughing " I'm ugly like my mother"

I told you exactly the same thing while crying. I'm very sorry, Mom!

　この書き手は「のに」を選んでいます。「のに」の2つの鼻音によって、書き手のウチ的な思い入れが「けど」よりははるかに強く表現できるのです。「け（れ）ど」も使えないわけではありませんが、「け（れ）ど」を使うと、ソト的な表現になってしまい、この文脈にはそぐわないと言えるでしょう。現に論文や新聞の社説などの固い文章では「のに」ではなく口蓋音の「が（だが）」以外に「けれど」が使われます。

　以上、口蓋音と鼻音を含む日本語の文法要素のもつ意味の対立を示す実例を示し、この2つの認知上の微妙な、しかし無視できない違いは英語の訳語で一部消えてしまうことがわかります。

第2章　ひらがな、カタカナ、漢字

2-1　4つの表記法

　日本語は普通、平仮名、片仮名、漢字の3つを交ぜて書きます。表記法が（ローマ字を別とすると）3つあることは日本語の特徴の1つです。韓国語はハングル表記と漢字の2つの表記を使っていますが、小説はハングルだけで表記するのが普通です。中国語は漢字表記だけです。英語を含むフランス語、ドイツ語などのインド・ヨーロッパ語族の言語はアルファベットかその変形の表記法を1つだけ使っています。

　一般的な文章は（本書もそうであるように）、漢字と平仮名を使いますが、漢字と片仮名を使うこともありますね。大日本帝国憲法などの戦前の法律、宮沢賢治の『雨ニモ負ケズ』などは思い浮かべやすい例ではないでしょうか。さらに、片仮名だけとか、平仮名だけ、ローマ字だけという表記もありますが、基本は「漢字＋仮名」です。

　なぜ日本語は平仮名、片仮名、漢字と、3つも表記法を使っているか、考えてみたことはありますか。先を読むのをちょっとやめて、この疑問点についてしばらく考えてみてください。

今ひとまず「3つの表記法」としていますが、駅名、店名、雑誌名など日本人はローマ字を使って日本語を転写することも多いです。ローマ字を日本語の表記と認めるか否かは異論がありますが、現在のようにローマ字の使用が盛んになって来ると、西洋からの借用文字として日本語の中にかなり深く浸透していると言っていいでしょう。それでは、日本語ではどうして3つないし4つも表記法が必要なのでしょうか。

　日本語表記はすべて7世紀から8世紀にできあがった万葉集で使われたような万葉仮名表記が出発点になっています。万葉仮名のもとは言うまでもなく漢字です。つまり、「はるくさのはじめのとし」と書くのに「皮留久佐乃皮斯米之刀斯」(難波宮跡から発掘された7世紀ごろの木簡)と書くような表記です。日本人は、漢字を借用して全く「ウチ化」し、そこから平仮名と片仮名を創り上げました。ですから平仮名や片仮名はゼロからの創造ではありません。では、どうしてゼロからの創造をしなかったのでしょうか。

　当時の日本はすでに古代中国の文明一般の影響を強く受けていました。古代の識者たちは、漢字という「ソトの表記」の視覚的映像に魅せられ、漢字の音に着眼して日本語の音と意味の表記に利用したと想像できます。私はこれを「創造的適応性」と呼びます。この点は、隣国の韓国が、世宗王を中心とした学者グループが15世紀半ばにハングルをゼロから創造したことと比較すると、表記ばかりでなく、それ以外のソトの文化を摂取し、それをウチ化する日本語の特徴が鮮明になります。

　日本語の表記が単なる符丁ではない証拠はほかにもあり

ます。周知のことですが、片仮名表記はもともとは漢文（とりわけ仏典の原語）を日本語に転換するときに主として日本語の助詞を「乎古止点」（ヲコト点）として使ったもので、その利用者は男性の僧侶でした。つまり、片仮名表記には男性のジェンダーがついていたのです。それに対して平仮名の方は「女手」と言われ、平安時代の教養ある女性たちが漢字をくずしながら女らしい柔らかな曲線の字形として考え出した表記法だと言われています（以→い、呂→ろ、波→は）。もちろん、漢字を読める少数の女性もいましたが、片仮名は男性用、平仮名は女性用というように、表記にジェンダー性がかなり付着していて、そうした「認知の記憶」は今でも続いているように思われます。自作の短歌を短冊に記す場合、女性はどちらかと言うと仮名文字を選んでいます。このジェンダーと表記法のつながりは翻訳では消えてしまう大事な点です。

ひらがなのやさしさ

前置きが長くなりました。ここで、平仮名だけで書かれている池井昌樹の詩集『眠れる旅人』（2008）所収の「そっと」という詩を読んでみましょう。

　　むかいのせきがあいている
　　すこしへこんで
　　ぬくまっている
　　だれかすわっていたんだな
　　けれどもいまはないだれか
　　わたしをみつめていたんだな

ねむりつづけていたわたし
ゆめみつづけていたわたし
そっとみつめていたんだな
でんしゃはつぎのえきにつき
わたしもそっとせきをたつ
すこしへこんでいるせきに
けさもほのぼのひがあたり

　これを読んだときの第一印象はどうですか。どうしてこの詩人は平仮名だけで表記したと思いますか。この詩の解釈と平仮名表記は結びついていますか。
　そして、短い詩ですから、全部を英訳してみてください。このオール平仮名を英語ではどのように表記しますか。この詩の平仮名表記を英語の表記に移し替えることができるでしょうか。すべてをイタリックで表記するという手段もあるかもしれません。ほかに何かいいアイディアがありますか。そもそも英語には表記法がローマ字１つしかないのだから、英訳者が平仮名表記だけの意味合いを訳文に組み込むのは至難のわざでしょう。
　では、池井の詩を漢字仮名交じり文に書き換えてみましょう。原詩の平仮名だけの表記とどこが変わりますか。

向かいの席が空いている
少し凹んで
温まっている
誰か座っていたんだな
けれども今はない誰か

第 2 章　ひらがな、カタカナ、漢字

私を見つめていたんだな
眠り続けていた私
夢見続けていた私
そっと見つめていたんだな
電車は次の駅に着き
私もそっと席を立つ
少し凹んでいる席に
今朝もほのぼの陽が当たり

　同じ詩を平仮名だけで表記する場合と漢字仮名交じりで表記する場合とでは何かが違っているはずですね。漢字仮名交じりの表記法と比べてオール平仮名の表記法は「そっと」という詩の意味合いにぴったりの優しさであり、人が一番共感しやすい表記になっているのではないでしょうか。
　下の英語ではイタリック体を使って、原詩のオール平仮名の特異性を伝えようとしていますが、原詩の平仮名の表記を表現できません。

A seat in front of me is empty
A small hollow remains
still warm
Someone must have been sitting there
— someone who isn't here any longer
The person must have been gazing at me
I kept sleeping, didn't I?
I kept dreaming
The person must have gazed at me, quietly

The train reached the next station
I also stand up from my seat, quietly
The seat with a small hollow in it
looks warm this morning again in the sunshine　　　（拙訳）

　この詩の私の解釈はこうです（といっても芸術一般の解釈には正解はないので、あなたの解釈と私のが異なっていることは十分あり得ることです）。

　この詩の主人公である「私」にとって電車は人生の比喩であり、電車を下りる人は人生を去って行く人の比喩です。人は生きて、そしてかならず死にます。その切実さの表現が平仮名表記と結びついているのではないかと思います。「死ぬ」までの心理を表現するのには平仮名だけの方が平仮名漢字交じりの表記より有効ではないでしょうか。ウチ側の至近距離の視点から「わたし」が見つめている心理が切実に読者に伝わってくるのではないでしょうか。死はウチの中のウチの最後の体験です。詩人の共感は読者の共感を呼びます。それと同時に、ほのぼのとした陽が平仮名のもつ情感で体感されます。ウチ表記の平仮名表記だけを使い、平仮名でウチの音を響かせ、しかも伝統的な7－5調のリズムを使っているので、この詩の伝達力は自然に高まります。

　英訳ではもちろんのこと、日本語の漢字仮名交じり文でも、原詩の表記からくる認知的意味合いは消えてしまいます。表記という器はその中身と調和しなければならないのです。唯一この詩のおどろきの表記を英語で表したければ、拙訳のように、普通強調を表すイタリック体にするといい

でしょう。原詩の意表を突く表記法を多少は再現していると言えそうです。

ウチか、ソトか

ここで、空間・心理・概念としての「ウチ」と「ソト」が表記の選択とどう関わるかについて考えてみましょう。ウチとソトはもともとは空間概念です。ウチ空間ならそこに存在する人、物、情況に対して人は心理的に「共感」をいだくことができますが、それがソト空間に存在する人、物、情況となると共感は持ちにくいです。ウチ空間からソト空間への推移は連続的で、どこまでが「ウチ」でどこからが「ソト」かという問題ではありません。「去る者は日々に疎し」ということわざは自分のウチ空間から去って行った人はソトの人になり、忘れられてしまうことを意味しています。こう見てくると、日本語の3つの表記法は「共感の階層性」の中でどのような相対的な位置づけになっているか、という問題に行きつくのです。

漢字で表せる語彙（意味内容）が平仮名で表記されると、日本語人にとって、それに対する共感度が相対的に高くなり、片仮名で表記されると共感度が相対的に低くなる傾向が強いです。また、ある意味内容が訓読みの場合は共感度が高く、音読みの場合は共感度が相対的に低くなります。それを支持する次の例を考えてみましょう。

名前が訓読みになっている山は、たいてい、あまり高くなく、丸みを持った、優しそうで、村民に慕われているような里山が多いです。つまり、「ウチ」の山です。たとえば、「嵐山」（あらしやま）、「甲山」（かぶとやま）、「函館山」

(はこだてやま)、笹森山（ささもりやま）、茶臼山（チャうすやま）など、ニックネームのようなものが多く、親近感（共感）のもちやすい、どちらかというと低い山が多いです。

　一方、「富士山」（フジサン）「御嶽山」（オンタケサン）、「八甲田山」（ハッコウダサン）、「磐梯山」（バンダイサン）、「阿蘇山」（アソサン）、「昭和新山」（ショウワシンザン）、「妙高山」（ミョウコウサン）、「男体山」（ナンタイサン）などのように高く切り立った、威厳のある男性的で、山岳信仰の対象になるような宗教的な山は音読みが多いです。共感というよりは畏敬の念を与えるような「ソト」の山々です。

「島」の名前の場合はどうでしょうか。たとえば、「大島」（おおしま）、「母島」（ははじま）、「父島」（ちちじま）、「種子島」（たねがしま）、「翁島」（おきなじま）、「桜島」（さくらじま）、「馬島」（うましま）「竹島」（たけしま）、与那国島（ヨナぐにしま）など、面積が比較的小さくて、親しみの持てるウチの島が多いのに対して、音読みの島は、もともとアイヌ語からきた呼称に音読みの「島」（トウ）をつけた「国後島」（クナシリトウ）、「択捉島」（エトロフトウ）、「歯舞群島」（ハボマイグントウ）、「礼文島」（レブントウ）があるし、「硫黄島」（イオウトウ）のように、日本列島から隔たった島で、比較的面積が広い島もあります。

　先に引用した池井の詩では「席」「誰」「電車」「駅」だけが音読みで、その他はすべて訓読みです。平仮名表記と訓読みが結びついているのです。このようなウチ／ソトの違いを翻訳することは不可能なのです。

　ここで、どの表記が一番ウチ的な共感を示し、どの表記

が一番ソト的な非共感を示すかを考えてみましょう。表記法が表す「共感のヒエラルキー」を図示すると、図のようになります。

両極は平仮名表記と片仮名表記で、中間に漢字表記が訓読み、音読みの順序で並んでいます。日本語の表記法がこのような共感度の相対的な差を表しているという仮説を立てると、池井の詩だけではなく、これから見ていく日本語の表記の選択の意味がすっきり説明がつくと思います。

また、この意味が翻訳で消えてしまうことを知ることで、日本語の表記が英語とは違ってただの符丁ではないことに気づきます。言い換えるならば、翻訳をしてみないと表記法の認知的意味合いは意識化できないのです。

カタカナのジェンダー性

次に有名な宮沢賢治の詩「雨ニモマケズ」(1931) を表記の面から見てみましょう。賢治はどうして漢字・片仮名交じりの表記を使ったのでしょうか。漢字平仮名交じりに書き換えたバージョンは原詩の表記とどこが違うと思いますか。原詩の行替えはスラッシュ記号で示し、旧仮名遣いはそのままにしてあります。

雨ニモマケズ／風ニモマケズ／雪ニモ夏ノ暑サニモマケヌ

／丈夫ナカラダヲモチ／慾ハナク／決シテ瞋(いか)ラズ／イツモシヅカニワラッテキル／一日ニ玄米四合ト／味噌ト少シノ野菜ヲタベ／アラユルコトヲ／ジブンヲカンジョウニ入レズニ／ヨクミキキシワカリ／ソシテワスレズ／野原ノ松ノ林ノ蔭ノ／小サナ萱(かや)ブキノ小屋ニキテ／東ニ病気ノコドモアレバ／行ッテ看病シテヤリ／西ニツカレタ母アレバ／行ッテソノ稲ノ束ヲ負ヒ／南ニ死ニサウナ人アレバ／行ッテコハガラナクテモイヽトイヒ／北ニケンクヮヤソショウガアレバ／ツマラナイカラヤメロトイヒ／ヒデリノトキハナミダヲナガシ／サムサノナツハオロオロアルキ／ミンナニデクノボートヨバレ／ホメラレモセズ／クニモサレズ／サウイフモノニ／ワタシハナリタイ

雨にもまけず／風にもまけず／雪にも夏の暑さにもまけぬ／丈夫なからだを持ち／慾はなく／決していからず／いつもしづかにわらってゐる／一日に玄米四合と／味噌と少しの野菜をたべ／あらゆることを／じぶんをかんじょうに入れずに／よくみききしわかり／そしてわすれず／野原の松の林の蔭の／小さな萱ぶきの小屋にゐて／東に病気のこどもあれば／行って看病してやり／西につかれた母あれば／行ってその稲の束を負い／南に死にさうな人あれば／行ってこはがらなくてもいゝといひ／北にけんかや訴訟があれば／つまらないからやめろといひ／ひでりのときはなみだをながし／寒さの夏はおろおろ歩き／みんなにでくのぼーとよばれ／ほめられもせず／くにもされず／さういふものに／わたしはなりたい　　　（漢字平仮名交じりの表記）

第2章　ひらがな、カタカナ、漢字

　原詩は漢字平仮名交じりの表記でもなく、池井の詩のような平仮名だけの表記でもなく、漢字片仮名交じりの表記です。表記のジェンダー性から言うと宮沢賢治の選んだ表記は男性的ジェンダー表記だと言えるでしょう。その根拠は次の通りです。「雨ニモマケズ」の原詩は小さなノートブックに綴られていますが、その最後に宮沢賢治は法華経の「南無妙法蓮華経」を大きく真ん中に書き、その前後に3つずつ、唱え文句を書いて「サウイフモノニ　ワタシハ　ナリタイ」ということばに祈りを込めています。手書きは書くときの心情までも写し出します。そのために、この詩全体が仏教的で、読む者に僧侶の口から聴く宗教講話のような印象を与えます。こう考えてくると、宮沢賢治が仏典解読に使われて発達してきた漢字と片仮名からなる表記様式を使用したのは宗教的な認知を視覚的に伝達したいという意図的選択だったのかもしれません。みなさんはどう考えますか。

　以上述べたような原詩の魔術的表記はロジャー・パルバースのリズム感のあるすぐれた英訳（"STRONG IN THE RAIN"）でもぱっと消えてしまいます。

Strong in the rain / Strong in the wind / Strong against the summer heat and snow / He is healthy and robust / Free of all desire / He never loses his generous spirit / Nor the quiet smile on his lips / He eats four go of unpolished rice / Miso and a few vegetables a day / He does not consider himself / In whatever occurs ...his understanding / Comes from observation and experience / And he never loses sight of things / He lives in a little thatched-roof hut / In a field in the shadows of a pine tree grove / If there is a sick child in the east / He goes there to nurse the child / If there's a tired mother in the west / He goes to her and carries her sheaves / If someone is near death in the south / He goes and says, 'Don't be afraid' / If there's strife and lawsuits in the north / He demands that the people put an end to their pettiness / He weeps at the time of drought / He plods about at a loss during the cold summer / Everybody calls him 'Blockhead' / No one sings his praises / Or takes him to heart... / That is the sort of person / I want to be

(ロジャー・パルバース訳)

翻訳では原語とは異なる表記の衣装を着ることになるのが宿命です。片仮名表記のジェンダー性と宗教性を翻訳で出したいのなら、宮沢賢治の「雨ニモマケズ」をカトリックの宗教性を内在しているラテン語で翻訳したら、おもしろい言語の再構築になるのではないでしょうか。

小説の技法として

詩から小説にジャンルを移しましょう。小説全体を漢字片仮名交じりで書く作家が昭和初期にはいたようですが、現在はまずいないでしょう。戦前の憲法をはじめ、公文書では漢字片仮名交じりの文章でしたが、現在は憲法も漢字・平仮名交じりです。小説も明治期から現在まで、漢字平仮名交じりで書くのが一般的です。

第2章　ひらがな、カタカナ、漢字

　ところが、小説では登場人物の発音、性格、心理などを文字表記で表すことがあります。次の例は村上春樹の『1Q84』（BOOK 1、2009年）からの引用です。ここでは、登場人物の深田絵里子（通称、ふかえり）というカルト集団から来たらしい美少女が漢語系のことばに弱いことを示すために、漢語よりもっとソト的な片仮名で表記しています。ただし、このような表記は別に村上が創った表記法ではなく、戦前から、マンガなどで外国人の喋る日本語を表記するときなどに見られました。

　こと漢語系の語彙に関しては、ふかえりの発話はあたかも外国人の片言の日本語のように書かれています。私がつけた下線部分を見るとわかるように、翻訳者のジェイ・ルービンは表記を英訳に移すことはしていません。字体をイタリックにしたり大文字にしたりもしていません。

「記者会見というのがどんなものだかは知っているね？」
「キシャカイケン」とふかえりは反復した。
「新聞や雑誌社の記者が集まって、壇上に座った君にいろんな質問をする。写真もとられる。ひょっとしたらテレビも来るかもしれない。（中略）」
「シツモンをする」とふかえりは尋ねた。
「彼らが質問をし、君がそれに返事をする」
「どんなシツモン」

"You *do* know what a press conference is, don't you?"
"<u>Press conference</u>..." Fuka-Eri repeated the words.
"You sit up on the podium and answer questions from a

bunch of newspaper and magazine reporters. They'll take your picture. There might even be TV cameras. (中略)
"<u>Questions and answers</u>," Fuka-Eri asked.
"They ask the questions, you give the answers."
"What kind of <u>questions</u>"

(ジェイ・ルービン訳。下線は筆者)

　もう1つ興味深い例として谷崎潤一郎（1886〜1965）の『鍵』（1956年）からの引用例を考えてみましょう。この作品は夫婦（56歳の大学教授の夫と45歳の妻）がお互いに秘密につけている日記形式になっています。読者は第三者としてまるで覗き趣味のように夫婦の日記が読める仕組みになっています。初めの引用は漢字平仮名交じりで書いた妻の日記です。2つ目の漢字片仮名交じり文は夫の日記です。この2つの表記をどう説明できるでしょうか。

　一月廿日。……今日は一日頭痛がしてゐる。二日酔ひと云ふほどではないが、昨日は少し過したらしい。……だんだん私のブランデーの量が殖えて行くのを木村さんは心配してゐる。

Today my head ached all day long. It wasn't quite a hang-over, though I must have had a little too much last night. Mr. Kimura seems worried about my drinking.

(ハワード・ヒベット訳 "The Key")

一月廿八日。……今夜突然妻ガ人事不省ニナッタ。木村ガ

来テ、四人デ食卓ヲ囲ンデキル最中ニ彼女ガ何処カヘ立ッテ行ッテ、暫ク戻ッテ来ナイノデ、「ドウナスッタノデセウ」ト木村ガ云ヒ出シタ。

Tonight Ikuko fainted. We were sitting around the dinner table with Kimura, when she suddenly got up and left the room. She didn't return, and Kimura asked if she might be ill.
(同上)

　漢字平仮名交じりの文章はそれ自体女性のジェンダーと結びついているわけではありません。むしろジェンダーに関しては中立です。しかし、2つ目の、夫の日記から取った例では宮沢賢治の「雨ニモ負ケズ」のように漢字片仮名交じりで、男性のにおいがします。そのために、漢字平仮名交じりの女性の日記と対照的になっているのです。この小説の英訳者ハワード・ヒベットの翻訳では原語の表記の差は消されていますが、妻の表記を斜字体にすることで表記の差を表そうとしています。

　ローマ字表記に関しては、単語では駅、映画、製品、食物などの英語をそのまま使う場合はありますが、文章となると、石川啄木がすべてローマ字でかいた日記『啄木・ローマ字日記』（1977年、岩波文庫）以外ではめぼしいものはないようです。啄木はプライベートな日記を読まれても、当時の普通の人には読めない表記法としてローマ字を選択していたのではないかと言われています。

2-2　原語の句読点は翻訳できるか

みなさんは句読点のことを考えたことがありますか。句読点は狭義の表記には入りませんが、本書では表記の一部として句読点をとらえ、それが翻訳でどうなるかを考えてみたいと思います。みなさんは次の2つの文はどう違うと思いますか。そして、その違いをどう英訳しますか。

【a】僕は君が好きだ。
【b】僕は、君が好きだ。

読点（「、」）の入っている【b】の方が情感がこもりやすいと思います。それは、「僕は」のあとに間をおくことによって「僕」が「君」を見つめる目、それに伴う仕草とか迷いの心理を表現しているからです。英語ではこの場合読点は使えません。I, like you とは書けません。しかし、I ... Ah...I like you とは書けるでしょう。

二葉亭四迷（1864～1909）はイワン・セルゲーエヴィチ・ツルゲーネフ（1818～1883）の『猟人日記』（1852）の中の短編を「あひびき」と「めぐりあひ」として翻訳しています。その過程で、話すように書くという言文一致に努め、その運動を始めています。二葉亭は『余が翻訳の標準』の中で次のように、音を含めた「形」の問題について語っています。

　　外国文を翻訳する場合に、意味ばかりを考へて、これに重きを置くと原文をこわす虞(おそれ)がある。須(すべか)らく原文の音調を

> 呑み込んで、それを移すようにせねばならぬと、こう自分
> は信じたので、コンマ、ピリオドの一つをも濫(みだ)りに棄てず、
> 原文にコンマが三つ、ピリオドが一つあれば、訳文にも亦
> ピリオドが一つ、コンマが三つという風にして、原文の調
> 子を移そうとした。殊に翻訳を為始めた頃は、語数も原文
> と同じくし、形をも崩すことなく、偏(ひと)えに原文の音調を移
> すのを目的として、形の上に大変苦労した…

　この引用から、二葉亭が翻訳時に原文の句読点に留意し、原作の音調を翻訳で再現しようとした意気込みが感じられます。しかし、私は句読点を原語から翻訳言語に逐一移すことは不可能だと思います。では句読点は何のためにあるのでしょうか。句読点は音を表すわけではありませんが、文と文、句と句、語と語の間にポーズを置くマーカーであり、単なる視覚的なマーカーではありません。声に出して読む場合は声に出す部分は音ですが、句読点は無音の隙間です。その隙間のおかげで、読者は情感を味わう場合もたしかにあります。

　すべての古代語がそうであるように、古代日本語にも句読点は皆無でした。式亭三馬（1776〜1822）の滑稽本『浮世風呂』（1809〜13年）では句読点が使われていますが、句点のみで、読点は使われていません。句点に読点の機能を持たせているという解釈も成り立つかもしれませんが、今なら読点をつけるべきところに読点がついていないのです。当時の人々はよく読めたものだと感心します。下に、巻之上の冒頭の文章を引用しておきます。{。}は、原本では句点になっているけれど、前後関係から推して、今な

らおそらく読点になるべきところです。

　　五日の風静かなれば早仕舞の牌を出さず。十日の雨穏やかなれば傘の樽をも出さず。月並の休日静謐にして{。}賢きも愚なるも{。}貴賤おのおの恩沢に浴する人心。今日煤湯を沐手五塵の垢を落し{。}明日貰湯に入て六欲の皮を磨き{。}いつも初湯の心地せらるるは{。}げにも朝湯の入加減{。}嗚呼結構とやいはん。ああありがたいかな。

　句読点が現代式に使われはじめたのは言文一致運動の立役者の一人、二葉亭四迷の時代で、彼の『浮雲』で初めて句読点が使われはじめました。その第一編（1887年）と第二編（1888年）ではその使用が不規則でしたが、第三編（1889年）ではかなり規則的になっています。

　二葉亭が句読点を使用しはじめた理由として考えられることは2つあると思います。1つは、言文一致という観点から句読点による間の取り方に興味を持ったからです。もう1つは、ロシア語の小説の翻訳を通してロシア語の原文にある句読点も日本語訳に含めて、原著者の息づかいを伝えたいと思ったのでしょう。明治に入っても句読点のない文章が圧倒的に多かったとされています。芥川龍之介が文部省の仮名遣改定案を批判した「腹いやせ──文部省の假名遣改定案について」（1925年）という、かなりいきり立って書いた短い仮名遣案への批評文の中で句読点につき1文だけで言及し、「僕等は句読点の原則すら確立せざる言語上の暗黒時代に生まれたるものなり」と述べているのは、この辺の事情を物語っています。

第 2 章　ひらがな、カタカナ、漢字

きのう借りた本を読んだ

さて、読点がないとどういうことになるかを考えてみましょう。次の短文を英訳するとどうなりますか。

　僕はきのう友達に借りた本を読んだ。

この文には読点がないので「きのう」が「借りた」に係るのか「読んだ」に係るかが曖昧な文になっています。だから英訳は 2 通り出てきます。

【a】Yesterday I read a book I borrowed from my friend.
【b】I read a book which I borrowed from my friend yesterday.

そこで「僕は、きのう、友達から借りた本を読んだ」とすれば、「きのう」は読点のおかげで「友達から借りた本」という名詞修飾節のソトになるので、「きのう」が「読んだ」だけに係ることがわかります。もっともこの場合、わかりやすい文にしたければ「友達から借りた本をきのう読んだ」のように副詞の「きのう」を被修飾語の「読んだ」の直前に置けばいいのです。しかし、日本人は、例文のように、副詞を、しばしば、被修飾語のずっと前に書いたりするので、読点がないと意味が曖昧になってしまう場合が出てきます。

「僕は友達に借りた本をきのう読んだ」は英語に訳すと、"Yesterday I read a book I borrowed from my friend" にな

るし、「僕は友達にきのう借りた本を読んだ」は "I read a book I borrowed yesterday from my friend" になります。日本語の「僕はきのう友達に借りた本を読んだ」のような曖昧な文に対応する英語はありません。

この例は句読点が単に有意味な沈黙を創るだけでなく意味の解釈に強く関わることを示しています。しかし、句読点は単に副詞の係り方だけのためにあるのではありません。読点は書き手がなんらかの理由で息を継ぐという大事な機能をもっていて、読点で静止し、次への期待感を生みます。それは、時間・空間的スペースを創り、そのパターンは文章のリズム創りに、さらには、作家の文体の創成に貢献するはずです。

2-3 　書字方向——縦書きか、横書きか

日本語では伝統的には右から左に進む中国式の「右縦書き」を採用しています。左から右に書いていく「左横書き」は18世紀後半の蘭学の影響で始まり、現在では、特に、自然科学系の専門書や論文では左横書きが圧倒的に多く、それ以外の国語の教科書、書道、文芸（小説、詩歌、戯曲）、公文書の類いでは右縦書きが多いです。本書は英訳例がたくさん出てくるので横書きです。新聞などでは基本的には右縦書きですが、大見出しは左横書きで、縦書きと横書きが共存しています。なお、製本後、本文が右縦書きなら右開きに、左横書きなら左開きになっています。

自然科学の領域とは違って、小説の書字方向は、なんといっても、右縦書きが圧倒的に多いです。多少変化のきざ

しはあるものの、右縦書きは「ウチ的書字法」で、横書きは「ソト的書字法」という区分けがまだ残っています。日本の縦書きの小説は英語に翻訳される場合、横書き方式に翻訳されるので、原作の縦書きのモードとムードは消えることになります。

　日本語の小説の中で左横書きで書かれたもので、私が読んだものは、水村美苗の『私小説 from left to right』（1995年）と黒田夏子の『abさんご』（2013年）だけです。しかし、ほかにも横書き小説として、黒田晶の『メイドインジャパン』（2001年）、篠原一の『誰がこまどり殺したの？』（1996年）、福永信『アクロバット前夜』（2001年）などがあります。そして、2000年ぐらいから若者の心をとらえているケータイ小説はすべて横書きで出版されています。

　水村美苗の小説のタイトルは正面切って『私小説』です。サブタイトルには英語で from left to right とあり、それに合わせて、日本語のタイトルも横書きになっています。作者とおぼしき自分とその姉との日常会話の部分が、かなり英語になっています。姉妹はアメリカ滞在中に日英語のバイリンガルになっていたことが英語で書かれている部分から十分想像できます。参考までに水村の作品の一部を下に引用しておきます。

　あなたはこれを読んでどんな印象を受けますか。もしこの部分を英訳するとしたらどうしますか。書字方法は右縦書きにして、英語の部分の翻訳は片仮名書きにしますか。

　　――ところで、電話したのはね。
　　　何をどこまで言うか深い考えはなかった。

——あーら、そうだ。ごめん。テレテレ。

母に捨てられてからの苦労が効いたのか、最近の奈苗はとっさの挨拶が以前に比べれば尋常であった。

電話したのはね、たいしたことじゃないんだけど、とわざと前置きした私は、入院中の「大教授」が出席できようができまいが、年が明け次第、口頭試験を受けてしまうことに決めたのを伝えた。

——So, you are not going to wait for *Herr Professor* to recover?（だから教授のご回復を待たないっていうわけ？）

奈苗の反応は案外落ち着いている。

——I guess not.（そうね）
——Is he dying?（なくなりかけてるの？）
——I don't know. Possibly.（分からない。多分ね）

「大教授」はやはり死んでしまうのかもしれなかった。

奈苗は少し黙ってから、そう、とうとう受けちゃうの、と言った。そして思い出したように訊いた。

——Are you done then with your papers?（小論、終わったの？）

Papers というのは、授業の単位のために必要な数々の小論文である。　　　　　（英語の部分の日本語訳は筆者）

姉妹の英語の会話部分を片仮名で書けば、片言の日本語を話す外国人の日本語のようになるし、姉妹の間のコミュニケーションに現実味を持たせるためには左横書きで英語をそのまま使い、私が上につけたように括弧の中に漢字仮名交じり文で日本語訳をつけるしか方法はないでしょう。

本書の主題から言って興味があるのは、未翻訳のこの作品を英語に翻訳するとしたら、翻訳者はどうやって英語で書かれた会話部分と日本語で書かれた会話部分を翻訳で区別するか、という点です。英語の部分をイタリックにするのも一法ですが、イタリックは普通、強調のマーカーですから、どうもしっくりきません。結論としては、原文の持つバイリンガル性は消えざるを得ないでしょう。

「情緒的で湿った感じを避けたかった」

　次に、同じく横書きの小説、黒田夏子の『abさんご』の冒頭の段落をいささかの冒険心をもって読んでみてください。表記法、漢字の使い方など、どんなことがわかりましたか。句読点も英語式にコンマとピリオドになっていますね。どうして黒田は横書きにしたと思いますか。

　　aというがっこうとbというがっこうのどちらにいくのかと, 会うおとなたちのくちぐちにきいた百にちほどがあったが, きかれた小児はちょうどその町を離れていくところだったから, aにもbにもついにむえんだった. その, まよわれることのなかった道の枝を, 半せいきしてゆめの中で示されなおした者は, 見あげたことのなかったてんじょう, ふんだことのなかったゆか, 出あわなかった小児たちのかおのないかおを見さだめようとして, すこしあせり, それからとてもくつろいだ. そこからぜんぶをやりなおせるとかんじることのこのうえない軽さのうちへ, どちらでもないべつの町の初等教育からたどりはじめた長い日月のはてにたゆたい目ざめた者に, みゃくらくもなくあふれよ

せる野生の小禽たちのよびかわしがある.

　この小説には水村見苗の小説と違って英語のことばが出て来ないのに、横書きで書かれています。ほとんどが平仮名表記で、漢字になっていることばはランダムに選びとられているように見えます。黒田はこの作品で2013年に芥川賞を受賞した後、友人で作家の下重暁子によるインタビューの中で、書字方向、文字表記、句読点について次のように語っています。

　下重:「abさんご」を読んだ時に、ひらがなの一片一片が花びらのように、ひらひらと押しよせてくる感じがしました。あれはひらがなでないと、出せない感覚ですね。縦書きをやめたのは、文学的ムードを振り払いたかったからと聞いたけど。
　黒田:情緒的で湿った感じを避けたかったんです。<u>横書きだと数字やアルファベットがすんなり入るし、とても機能的</u>。いまや教科書もみな横書きなのに、文学だけが縦書きを固守しているのはおかしいという気持ちがありました。<u>ひらがなは漢字とちがって意味を限定しないし、語源まで遡れるようなきがするから好きなんです。</u>
　下重:黒田さんの作品って、黙読するのもいいですが、声に出して読むとほんとに気持ち良い。私は朗読が好きなので、よくわかるんですよ。リズムや音楽性のない文章はダメです。たとえば「蚊帳」と表現せずに、「やわらかい檻」と言い換えるところなどにも、たゆたうようなリズムを感じます。

第 2 章　ひらがな、カタカナ、漢字

黒田：無意識に音楽性を求めているかもしれませんね。<u>流れやリズムは非常に気にしているほうで、たとえばカンマの位置にはとても気を使います</u>。声に出してみたりはしないけれど、文章の流れを考えて、ある言葉を削ったり入れたりということは、何回も繰り返します。
(「幼女からそのまま老人になりました」『文藝春秋』2013年3月号。下線は筆者)

　このインタビューによると、黒田は平仮名は意味を限定しないし、語源まで遡れるから漢字よりも平仮名を使っていると言っています。私のウチとソトの認知的な見地から言うと、この小説はこころの中の記憶の世界を、ウチなる意識の流れの描写のように、最もウチ的な書記法である平仮名とわずかの漢字で描こうとしているように思えます。書字方向については、黒田は機能的だと言っていますが、情緒に流れたくない作家としては、横書きの非共感的で無機質な性質を好むのでしょう。句読点に注意して文章にリズムをつけるとも言っていますが、これは私も句読点のところで触れたように、句読点がリズム創りとも密接な関係があることを示唆している点で非常に大事だと思います。
　芥川賞の選者の一人、髙樹のぶ子は芥川賞選評 (『文藝春秋』2013年3月号) で黒田に言及して、「作者が解体した言葉を、読者は再構築しながら読むわけだ」と言っています。黒田は従来の伝統を脱構築して自分のユニークな物語を創っているのです。しかし、このような小説を英訳すれば、書字方向は英語と同じだから、日本の小説の中での文体上の脱構築性は翻訳ではかき消されてしまいます。

第3章 比喩は翻訳できるのか

さて、ここで私たちの言語生活で頻繁に使われている比喩が文芸作品でどう使われ、それがどう翻訳されているかを考えてみましょう。まず次の短文はすべて比喩の例です。後に来る説明を読む前にこの5つの比喩を英語に訳してみてください。

【a】プリンストン大学のキャンパスはまるで公園のようだ。（直喩）
【b】彼の顔は表情が全くない、冷たい能面だ。（隠喩）
【c】帰宅して居間に入ると裏庭の林が窓越しに「お帰り」と言ってくれる。（擬人化）
【d】刺身が食べたいと父が言うときはかならず鯛の刺身だった。（提喩）
【e】僕は数回、警察の車に交通違反でつかまったことがある。（換喩）

比喩はどの言語でもよく使われる修辞法です。そして、比喩はきわだって人間の認知と関わっています。

アリストテレスは有名な『詩学』（紀元前335年頃）の中で、比喩は「ことばが転移することだ」と定義づけていま

す。フランスの哲学者ジャン・ポール・サルトルは『想像力』(1936年)の中で「比喩とは、われわれに真実を悟らせてくれる非現実、つまり、想像と創造である」と言っています。たとえば、ドイツの詩人のハインリヒ・ハイネ(1797〜1856)が「あなたは花のようだ」と書いたとき、「花」は花ではなくなり、女性の美しさをわかりやすく表現することばに転移したわけです。女性の美貌という中核の意味をわかりやすく気持ちをこめて伝えるために、ソトの環境にあるきれいな「花」を使ってウチ的な意味に転移させているのです。

比喩は広義の翻訳だ、と考えることもできると思います。パブロ・ピカソは「芸術とは、われわれに真実を悟らせてくれる嘘である」と言っていますが、だれも美人が即、花だと言っているわけではありません。それはあくまでも詩的真実に過ぎないのです。

比喩は間違いなく修辞学的な事柄ですが、修辞学と言うと、日常のことばとは無関係な、文学固有の問題だと思われがちです。そのような見方を覆そうとして、見事に成功したのがジョージ・レーコフとマーク・ジョンソンが書いた *Metaphor We Live By* (1980年。『レトリックと人生』渡部昇一、楠瀬淳三、下谷和幸・訳、1986年)で、著者たちは比喩を狭い修辞学の枠から外して、人間の日常語の中に普遍的な比喩を認め、比喩なしにはわれわれは生きていけない、というメッセージを伝えようとしています。

比喩のない言語はないのですから、比喩は人間共通の「認知作用」に基づいているのではないか、という仮説が出てきます。宅配便がとどくのを鶴首して待っていた息子

に母親が「首を長くして待っていた甲斐があったね」と言ったところが、比喩がわからない息子が「ぼくの首は、長くなんかない、変なこと言わないでよ、お母さん」と言ったという話をウェブ上で見つけたことがあります。人間の脳に比喩力を扱っている神経細胞があるようです。

しかし、だからと言って、比喩全体が翻訳できるということにはなりません。なぜなら、比喩は文化環境の函数ですから、文化が異なると比喩をそのまま翻訳することは難しくなるからです。ハイネの詩で用いられた、美しい女性が「花」のようだという比喩は普遍的で、慣用的な例ですが、それでも、そのときに思い浮かべる「花」はドイツ人だったら「バラ」を、日本人だったら「サクラ」を、中国人だったら「ボタン」を、といった具合に、それぞれの文化集団によって異なる花を想起する可能性が十分あるのです。こうした文化集団が共有する比喩だけでなく個人の認知作用で創られる比喩もたくさんあります。

それでは、そもそも比喩にはどんな種類があるか、その分類をみていきます。ここでは比喩学者の瀬戸賢一の著書『メタファー思考』(1995年) の認知的な分類を参考にします。瀬戸は、図のように、三角形の頂点に類推関係に基づく比喩である「直喩」「隠喩」「擬人化」を、その左辺には内包関係に基づく比喩「提喩」(シネクドキ) を、右辺には

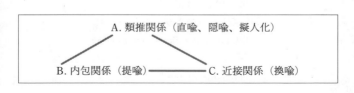

近接関係に基づく比喩「換喩」（メトニミー）をおいて、全体で5つある比喩をその認知的な仕組みによって大きく3つに区分けしています。

これから、A、B、Cの順に比喩を見ていきます。

3-1 直喩（シミリー）

直喩は「XはY｛のよう／みたい｝だ」という構文を使います。「みたい（だ）」は「ようだ」よりくだけた話しことばです。「Xは」は話題を示し、そのXをわかりやすく説明するためにほかのYを類推で引っ張ってくるのが「直喩」です。ただ、話し手／書き手が持ち出すYは、聞き手／読み手がよく知っているか、理解できるものでなければなりません。この章のトップに出した作例【a】「プリンストン大学のキャンパスはまるで公園のようだ」もここに属します。例をもっと見てみましょう。

- 【a】彼女はお人形｛のよう／みたい｝だ。
  She is like a doll.
- 【b】人生は旅｛のよう／みたい｝だ。
  Life is like a journey.
- 【c】あの男は蛇｛のよう／みたい｝だ。
  That man is like a snake.
- 【d】あの政治家は狸｛のよう／みたい｝だ。
  That politician looks like a raccoon dog.
- 【e】私たちはモルモット｛のよう／みたい｝だ。
  We are like a guinea pig.

第3章 比喩は翻訳できるのか

【f】あの老人はまるで仏様｛のよう／みたい｝だ。
The old man is like Buddha.

　これら直喩はすべてウチのXがソトのYに似ていることを表現する比喩です。直喩の「彼女はお人形のようだ」という時の「彼女」は書き手のウチの視点を表し、彼女の美しさをソトの「人形」を使ってこの直喩を表現しています。【a】で用いた「人形」、【b】の「旅」は慣用化した普遍的な比喩なので翻訳で消えるものは何もありません。【c】の「蛇」は旧約聖書の「創世記」（3章）に出てくる悪魔の化身だから、キリスト教徒にとっては否定的なイメージです。しかし、西洋であってもキリスト教のソトの文化圏では蛇には不死のイメージがあるし、ギリシャ神話では生命力のシンボルでもあり、医学神のアスクレーピオスが蛇の絡んだ大きな杖を左手に持った座像は有名です。世界保健機関（WHO）は杖に蛇が絡んだロゴを使っているし、商業神のヘルメースも蛇が絡んだ杖を持っています。実は日本には蛇が祀られている神社がかなりの数あるようです。蛇は出雲大社の眷属（おつかい）だし、縁結びの神でもあります。

　このように文化によっていろいろな蛇の見方があるので、「蛇」を用いた比喩が話し手

アスクレーピオス

／書き手の意図した通りに翻訳で伝わるかどうかはおおいに疑問になります。

例文【d】の「狸」は日英語ともに「政治家の顔が狸に似ている」という意味では問題はありません。しかし、日本では狸は人を化かすと昔から言われているので、単純に顔が狸に似ているという以上に「人を騙しそうだ」というニュアンスが生じます。この文化的な意味は英語のラクーン・ドッグ（raccoon dog）にはありません。【e】に出てくる「モルモット」はもともとはオランダ語の marmot から日本語に借用語として入ってきたものです。そのために英語のギニーピッグ（guinea pig）とは一致していませんが、「実験動物のように、運命が他者に握られている」という意味が翻訳でずれるわけではありません。

【f】の「仏様」は、仏教を知らない英語圏の人は多いので、ストレートに Buddha とは訳せません。「仏様」は穏やかで、慾がなく、慈悲にあふれた感じの人について言うことばだからです。では、「キリスト様みたいだ」（"like Christ"）と訳したらどうでしょうか。仏とキリストとでは、宗教の開祖という点で一致するものの、喚起する宗教的イメージが違うので、原文とはずれてきます。したがって、これも「文化差」のため翻訳しにくい例でしょう（ただし、Buddha＝仏様を saint＝聖人とすれば問題ないでしょう）。

3-2　隠喩（暗喩）

隠喩は暗喩とも呼ばれています。直喩表現から「のようだ」「みたいだ」を省略すると得られる比喩です。隠喩は

直喩に比べて、より直接的で、断定的で、単なる視覚的類似性の表現ではありません。本章の初めに出した例文【b】「彼の顔は表情が全くない、冷たい能面だ」は隠喩の例です。ただ、「能面」を Noh mask と英訳してもそのニュアンスを理解できる英語話者は非常に少ないでしょう。それは「単なる視覚的類似性」を超えた文化的なイメージがこの比喩には含まれているからです。

下に出した例文は、直喩の説明の時に使った作例から「のよう／みたい」を省略したものです。

【a】 彼女はお人形だ。
　　　She is a doll.
【b】 人生は旅だ。
　　　Life is a journey.
【c】 あの男は蛇だ。
　　　That man is a snake.
【d】 あの政治家は狸だ。
　　　*That politician is a raccoon dog
【e】 私たちはモルモットだ。
　　　We are guinea pigs.
【f】 あの老人は仏様だ。
　　　*The old man is a Buddha.

直喩のときに翻訳がすんなり成り立たない例として問題になった【c】の「蛇」は、隠喩としても翻訳が難しくなります。【d】の「狸」は、直喩の説明でも触れたように日本語では「あの政治家はずるがしこい」という意味があ

りますが、英語ではそのような意味はないので、直訳しても意味がわかりません。狸（raccoon dog）ではなく狐（fox）と訳さなければなりません。なお、foxやfoxyはセクシーな女性を意味する俗語としても使われます。【f】の「仏様」は日本語では問題ありませんが、そのままの英訳では日本語の意味は伝わりません。ここも、直喩と同様、Buddha（仏様）をsaint（聖人）とすれば問題ないでしょう。

では、対応する直喩のない隠喩はあるでしょうか。実は、次の例のように、もともとは直喩だったのが、直喩が高度に慣用句化して隠喩としてしか使えなくなる場合があります。慣用的な隠喩になるのには長い時間がかかっていますから、類推の原点に戻ることは困難です。さらに、これらの隠喩は、通例、ほかの言語に翻訳はできません。直喩の形にしてもその英訳は意味をなしません。

【a】彼女は金槌です。（＊彼女は金槌のようです。*She is (like) a hammer. → She can't swim.）
【b】あいつは木偶の坊だ。（？あいつは木偶の坊のようだ。*The guy is (like) a wooden doll. → The guy is a blockhead.）
【c】父は大黒柱だ。（？父は大黒柱のようだ。*My father is (like) the center pillar. → My father is a breadwinner.）

隠喩と宗教

隠喩との関連で「譬え話」について少し触れておきたいと思います。1～2世紀に完成したと言われる新約聖書の中の「ヨハネ伝」（15章1～2節）からの引用例です。

第3章　比喩は翻訳できるのか

わたしは<u>まことのぶどうの木</u>、わたしの父は<u>農夫</u>である。わたしにつながっていながら、実を結ばない<u>枝</u>はみな、父が取り除かれる。しかし、<u>実</u>を結ぶものはみな、いよいよ豊かに実を結ぶように手入れをなさる。

（日本聖書協会訳。下線は筆者）

　最初の文は「わたし（＝キリスト）はぶどうの木だ」という隠喩ではじまり、そこから、隠喩が縁語のように連想をもとに拡張していき、キリストにつながっていながらぶどうの実を結ばない枝（＝信仰を持たない者）は農夫の父（＝神）が取り除き、実を結ぶ枝（＝信仰を全うする者）は父なる神が大事にしてくださる、と意味が拡張して行って、譬え話ができあがります。ぶどうはキリストが登場する前の旧約聖書の時代から連綿と続いた文化的産物で、旧約聖書にも比喩として頻繁に使われています。日本文化では稲を使うと似たような譬え話ができるでしょう。同じ『新約聖書』の中から「山上の垂訓」の一部「マタイ伝」（7章15～20節）を例に引きます。ここにも譬え話が出てきていますが、譬え話は、もとをただせば比喩なのです。どんな比喩か下の例を読んで考えてみてください。

　［1］にせ予言者を警戒しなさい。［2］彼らは<u>羊の皮を身にまとってあなたがたのところに来るが、その内側は貪欲な狼である</u>。［3］あなたがたは、<u>その実で彼らを見分ける</u>。［4］<u>茨からぶどうが、あざみからいちじくが採れるだろうか</u>。［5］すべて<u>良い木は良い実を結び、悪い木は悪い実を</u>

結ぶ。[6] 良い木が悪い実をならせることはなく、また、悪い木が良い実をならせることもできない。[7] 良い実を結ばない木はことごとく、切られて火に投げ込まれる。[8] このように、あなたがたはその実で彼らを見わけるのである。

(日本聖書協会訳)

下線で示した名詞が隠喩として使われています。

「羊の皮を身にまとう」「貪欲な狼」([2])
「実」([3]/[8])
「茨(いばら)」、「ぶどう」、「あざみ」、「いちじく」([4])
「実」「木」([5]/[6]/[7])

このような隠喩はキリストの話を聞いている聴衆にとって自分の生活に根ざした環境文化の比喩なので自分に引きつけてキリストの教えが理解できたのに違いありません。新約聖書も旧約聖書も豊富な比喩が使われていて、文学的な性格を持っています。キリストは庶民の日常生活を熟知した上でそこから創った現実的な比喩の力を使ってこの「山上の垂訓」をしたのでしょう。日本の文化では「羊」も「ぶどう」の木も歴史によって強化された動植物ではないので、共通ギリシャ語(紀元前4世紀後半から紀元6世紀前半ごろ)で書かれた聖書の譬え話が日本人の心にどのぐらい迫って来るだろうか、という疑問が残ります。

3-3 擬人化

　擬人化とは、普通、人が主語になるところに人以外の生物・無生物が主語になっていて、その主語が人扱いになる比喩です。人間から人間以外の「生き物」や「物」や「自然現象」などに転移する場合です。擬人化が成立するためには人が人以外の何かに「共感」して、視点を共有することが前提条件になります。すべての比喩は人間が身近な環境に存在する生物・無生物に抱く様々な程度の「共感」の産物だと考えられますが、擬人化はその中でも際立って「共感度」が高いと言っていいでしょう。

　紀元前6世紀ごろに奴隷のイソップが語った「寓話」の時代から人は身近な環境に生きる動物を人間に見立てた物語を作りはじめています。周囲の生き物をただ観察するばかりではなく、生き物たちに近づき、彼らを人間に見立てて、彼らと同じ目線で物事を見つめ、人間のための倫理を間接的に導き出し、わかりやすく教えるというものです。寓話はあくまでも擬人化の出発点の1つに過ぎません。イソップの寓話以前の太古から人間は環境に生きる動植物と一体化することをやってきたのではないでしょうか。

　ここで、世界の若者たちがクールだと評している日本のアニメを考えてみましょう。「アニメ」の語源はラテン語の「アニマ（anima）」（単数形）で、それは「いのち」あるいは「魂」を意味します。「アニメ」は英語の「アニメーション」から来ていて、動かない静止画像の人や動物などにアニマを吹き込み、それがいのちを得て動きはじめる動画です。

人間だけではなく、すべての動植物にアニマを認める考え方を「アニミズム」と呼びますが、その研究を最初に行ったイギリスの人類学者エドワード・タイラーはその著『原始文化』(1871年)でアニミズムのことを「精霊信仰」と定義して、アニミズムをすべての宗教の原型として捉えています。日本のアニミズムの研究家として著名な岩田慶治はその著『アニミズム時代』(1993年)で、アニミズムを「草木虫魚教」と名付け、人は草木虫魚の視点を取らなければならないと、主張しています。

　心理学者のジェームズ・ヒルマンは *Re-Visioning Psychology* (1975年)で「魂は物質そのものではなくて、ものに対する視点だ」と言っています。私のことばで言い換えると、人間はソトにあるものに「共感」し、それにいのちを入れこむということです。これをヒルマンは「入魂」(エンソーリング)と呼んでいます。視点をソトの(人間を含む)生物・無生物に転換しなければアニミズムは成立しないのです。日本の神話の筆頭に挙げられる『古事記』(712年頃)が世界の多くの神話と同様このアニミズムの世界であったことも銘記しておくべきことでしょう。

　私は拙著『ウチとソトの言語文化学』(1996年)で、アニミズムの分析からはじめて、アニミズムの思想を支持している建築家の黒川紀章(1934～2007)、文学者の鶴田欣也(1932～99)、哲学者の梅原猛(1925～)、同じく哲学者の吉田夏彦(1928～)たちのアニミズムの思想を追跡して、次の作例のような擬人化の根底にあるものはアニミズムではないかと考えるようになりました。実はアニミズムの研究が私の比喩研究のきっかけを提供してくれたのです。比

喩の中の擬人化は、アニミズムの普遍性を証明するかのように、まず問題なく翻訳可能です。

【a】ハワイがあなたを招いている。
　　　Hawaii is inviting you.
【b】ひまわりが風の中でお辞儀をしています。
　　　Sunflowers are bowing in the wind.
【c】嵐が走り去った。
　　　The storm has run away.
【d】この木は元気だね。
　　　This tree is healthy, isn't it?
【e】小雪が舞っている。
　　　Small flakes of snow are dancing.
【f】このやかんの口は大きい。
　　　The mouth of this kettle is big.
【g】台風の目が関西に近づいて来ている。
　　　The eye of the typhoon is approaching the western Japan.

表れる共感

ここで、村上春樹の『ノルウェイの森』(1987年)の原型とされている短編小説『螢』から採った擬人化の例を見てみましょう。主人公の「僕」は変わり者の同室者からもらった螢を宿舎の屋上で瓶から放してやり、その螢の光を追いながら、それを自殺した「僕」の寮の同室者の魂の輝きと重ねます。読みながら、どのように原文の「僕」が小さな螢に共感していくのか、そしてそれが英語ではどのよ

うに翻訳されているのかを注意深く読み取ってください。

[1] 僕は瓶のふたを開けて螢をとりだし、三センチばかりつきだした給水塔の縁の上に置いた。[2] 螢は自分の置かれた情況がうまくつかめないようだった。[3] 螢はボルトのまわりをよろめきながら一周したり、かさぶたのようにめくれあがったペンキに足をかけたりしていた。[4] しばらく右に進んでそこが行きどまりであることをたしかめてから、また左に戻った。[5] それから時間をかけてボルトの頭によじのぼり、そこにじっとうずくまった。[6] 螢はまるで息絶えてしまったみたいに、そのままぴくりとも動かなかった。

[7] 僕は手すりにもたれかかったまま、そんな螢の姿を眺めていた。[8] 僕の方も螢の方も長いあいだ身動きひとつせずにそこにいた。[9] 風だけが我々のまわりを吹きすぎて行った。[10] 闇の中でけやきの木がその無数の葉をこすりあわせていた。

[11] 僕はいつまでも待ちつづけた。

[12] 螢が飛びたったのはずっとあとのことだった。[13] 螢は何かを思いついたようにふと羽を拡げ、その次の瞬間には手すりを超えて淡い闇の中に浮かんでいた。[14] それはまるで失われた時間をとり戻そうとするかのように、給水塔のわきで素速く弧を描いた。[15] そしてその光の線が風ににじむのを見届けるべく少しのあいだそこにとどまってから、やがて東に向けて飛び去っていった。

[16] 螢が消えてしまったあとでも、その光の軌跡は僕の中に長く留まっていた。[17] 目を閉じたぶ厚い闇の中を、

第3章　比喩は翻訳できるのか

そのささやかな淡い光は、まるで行き場を失った魂のように、いつまでもいつまでもさまよいつづけていた。
［18］僕はそんな闇の中に何度も手をのばしてみた。［19］指は何にも触れなかった。［20］その小さい光はいつも僕の指のほんの少し先にあった。

［1］I twisted open the lid of the jar and took out the firefly, setting it on the two-inch lip of the water tank. ［2］<u>It seemed not to grasp its new surroundings</u>. ［3］It hobbled around the head of a steel bolt, catching its legs on curling scabs of paint. ［4］It moved to the right until it found its way blocked, then circled back to the left. ［5］Finally, with some effort, it mounted the head of the bolt and <u>crouched there for a while</u>, ［6］unmoving, <u>as if it had taken its last breath</u>.
［7］Still, leaning against the handrail, I studied the firefly. ［8］<u>Neither I nor it made a move for a long time</u>. ［9］<u>The wind continued sweeping past the two of us</u> ［10］<u>while the numberless leaves of the zelkova tree rustled in the darkness</u>.
［11］I waited for ever.
［12］Only much later did the firefly take to the air. ［13］<u>As if some thought had suddenly occurred to it</u>, the firefly spread its wings, and in a moment it had flown past the handrail to float in the pale darkness. ［14］<u>It traced a swift arc by the side of the water tank as though trying to bring back a lost interval in time</u>. ［15］And then, after

hovering there for a few seconds <u>as if to watch its curved line of light blend into the wind</u>, it finally flew off to the east.

[16] Long after the firefly had disappeared, the trail of its light remained inside me, [17] its pale, faint glow hovering on and on in the thick darkness behind my eyelids like a lost soul.

[18] More than once I tried stretching my hand out in the dark. [19] My fingers touched nothing. [20] The faint glow remained, just beyond my grasp.

(アルフレッド・バーンバウム訳)

　この文章では蛍に共感を示す「僕」のまなざしから見た1匹の蛍の行動が描写されています。少し長くなりますが、細かく見ていきます。[5]の文頭の「それから」以外には接続詞は一切なく、文末は淡々と過去形の「た」で終わるきわめてシンプルな20の文の連鎖になっていて、蛍との瞬時の「共生」という情感を情に流されることなく淡々とリズミックに描いています。英訳では日本語の[5]と[6]、[9]と[10]、[16]と[17]が1文に統合されているので、訳文の数は全部で15文に縮まっています。しかし原作のスタカットの快適なリズムを巧みに伝えています。

英語は擬人化を嫌う

　例文のキーワードの「螢」は原文では9回、翻訳文では5回、それぞれ、使われています。英語では反復を嫌う傾向が強いので、反復回数は原文の約半分になっています。

しかし、訳文の［12］と［13］では、例外的に、"firefly"が原文通り1つずつ出ています。英語では"firefly"が使われないときはすべて代名詞の"it"が使われています。［2］、［3］、［4］、［5］、［15］の"it"はモノ扱いですが、かと言って"he"とか"she"にはしていません。

　原文［2］では「うまくつかめない」という述部と「自分」という再帰代名詞で「螢」を擬人化されています。それに対応する訳文では「螢」を"it"で指していて擬人化になっていませんが、述部では"grasp its new surroundings"（新しい環境を理解する）と、擬人化をしています。原文［4］の「たしかめる」も擬人化動詞です。その訳文では擬人化動詞（"found its way blocked"（道が塞がっているのを知る）が使われています。原文［5］の「うずくまる」は訳文の"crouch"とともに擬人化動詞です。原文［6］の「息絶える」は訳文の"take its last breath"（息を引き取る）に対応しますが"its"のために擬人化の程度が下がっています。原文［9］の「我々」と訳文の"us"は明らかに擬人化です。［13］の「思いつく」も"some thought had suddenly occurred to it"（急に思いついた）となっていて擬人化表現です。しかし、ここでも"it"が擬人化の度合いを下げています。［14］の「時間を取り戻す」と"bring back a lost interval in time"は問題なく擬人化の述部です。［15］の述部「見届ける」も"watch"（見つめる）も擬人化で、問題はありません。

　擬人化は翻訳で消えないと断定はできません。なぜなら英語人は日本語人のように人間以外の植物を含む生き物の擬人化を嫌う傾向が強いからです。私はかつて日本語上級

の教材として尾崎一雄（1899〜1983）の短編の私小説「虫のいろいろ」を使ったことがあります。その時に学生たちは、どうして作家が小さな虫に共感をもつのかが理解できず、作品の持つ深さが理解できなかったことを思い出します。翻訳で読む英語の母語話者は日本の蛍のことも、万葉時代から連綿と続く文化史も知らないわけですから、擬人化を通して書き手がいかに蛍に共感しているかはつかみにくいでしょう。

3-4　提喩（シネクドキ）

小説の初めの部分として私が書いた次の文を読んで、冒頭文の「卵」の役割を考え、文を英訳してみてください。

> 彼は朝は毎日卵を食べていると言っていた。普通卵と言えば、鶏卵に決まっているので別に聞き返さなかった。ところがある朝、彼が朝ご飯を食べているところを見て驚いた。五つのウズラの卵をみそ汁に入れて毎朝食べているのだと言う。

実は「卵」は鶏卵だけではなく、鶏以外の鳥の卵——アヒルの卵、ダチョウの卵、サケの卵（イクラ）、ニシンの卵（カズノコ）、チョウザメの卵（キャビア）、ボラの卵（からすみ）などなど、日本人は様々な卵を食べているのです。しかし、鶏卵が一番よく食べられるので「卵」と言えば鶏の卵を指すのです。このように上位概念（「卵」）で下位概念（「鶏の卵」）を表す修辞法を「提喩」（シネクドキ）と言

います。作例の拙訳を下につけておきます。

> He had told me that he was eating eggs every morning. I didn't ask him what eggs he ate, because I assumed that they were chiken's eggs. But I was astounded when I saw him eating five quail eggs which he put in his miso-soup.
>
> （拙訳）

　他の例を見てみましょう。以下の下線部が提喩になっていますが、この上位概念はどんな下位概念を表しているかを考えてください。

【a】週末に上野公園に花見に行ってきた。
　　　I went to Ueno Park for viewing flowers.
【b】僕はとりを注文します。
　　　I'd like to order {chicken / *bird}.
【c】飲みに行こうか。
　　　Shall we go for a drink?

　【a】の「花見」の「花」ははそのまま "flower" に英訳できますが、flower は「桜」を意味しないので、意味が大きくずれます。日本語では「花見」の「花」は今でこそ「桜」を指しますが、平田喜信・身崎寿『和歌植物表現辞典』（1994年）によると、万葉集では中国の影響で秋だったら「萩」、春だったら「梅」を指す場合が多く、平安時代の古今和歌集あたりから、日本の「桜」に焦点がおかれはじめたようです。西欧ではギリシャ・ローマ神話の時代

から現代に至るまで「ばら」の花が美と愛の象徴として一番好かれている花ですが、英語で"flower"と言って自動的に「ばら」となるわけではありません。つまり、「ばら」はまだ十分に提喩化していないということになります。日本語の「花」は「花見」という複合語の第1要素として現れます。複合語ではなく単に「花を見る」という文の中なら、「花」は必ずしも「桜」を指さないからです。

【b】の「とり」は上位概念ですが、この文では下位概念の「鶏の肉」を指します。日本人が食べる鳥は鶏であることが圧倒的に多いので、たとえば、鴨を食べる場合は「とりを食べた」と上位概念は使えません。

【c】の例では「飲む」は咀嚼(そしゃく)しないで体内に入れるものは液体なら何でもいいのですが、この文では目的語は自動的にアルコールを飲むことを意味します。コーヒーを飲みに行くのだったらただ「飲みに行こうか」とは言えません。液体なら何でもいいはずなのに下位概念のアルコールを指しているから提喩の例になります。

ところで、文体論学者の中村明は『日本語の文体・レトリック辞典』(2007年)の「提喩法」の項目に次のような、室生犀星(1889〜1962)の「愛猫抄」のおもしろい冒頭文を出しています。

> その白い哀れな生きものは、日に日に痩せ衰えてゆくばかりで、乳も卵もちょいと眺めただけで振かえりもしなかった。

この文に関して、中村は次のようなコメントをつけてい

ます。

> タマとかミケとかという固有名が出ないばかりか、この冒頭文で動物の種類さえ特定されず、ただ「生きもの」と記している。ここでは個別の猫を「猫」であることさえ伏せて、大きく「生きもの」という上位概念で示した表現となっている。

原則として与えられた上位概念を通して下位概念が瞬間想起されます。しかし、上記の例では、上位概念の「白い哀れな生きもの」は下位概念の「猫」を慣用的に指し示してはいません。つまり、作家が意図的に創った上位概念なのです。文章の中で上位概念をまず導入して、修辞的なサスペンスを作り上げるということでしょう。もっとも読者はこの小説のタイトルの『愛猫抄』から十分想像はつくのですが。

3-5 換喩（メトニミー）

換喩とは聞き慣れないことばです。その定義は実にたくさんあります。ここでは一番簡潔に定義づけているジョン・テーラー（1989年）と私のウチ・ソトを使っての定義だけを出しておきます。

> 実体 e1 と実体 e2 が<u>隣接関係</u>にあるとき e1 を使って e2 を指し示す修辞法
> 　　　（ジョン・テーラー。e は element〔要素〕の e）

ウチ・ソトが隣接している場合、ソトのものを使ってウチのものを表す比喩

(筆者)

換喩の例としては次のようなものが挙げられます。換喩では括弧の中のことばは省略されます。

【a】やかん（のお湯）が沸騰している。
　　 (The water in) the kettle is boiling.
【b】ピアノ（の音）が聞こえて来る。
　　 I can hear the (sound of the) piano.
【c】風でローソク（の火）が消えた。
　　 The wind blew off (the flame of) the candle.
【d】モーツァルト（の音楽）を聞くのが好きだ。
　　 I like to listen to (the music of) Mozart.
【e】きのう川端（の小説）を2冊読んだ。
　　 Yesterday I read two Kawabata's (novels).
【f】自転車（のタイヤ）がパンクした。
　　 My bicycle got a {flat tire./*tire}.
【g】どんぶり（のご飯）を食べた。
　　 I ate a bowl of rice / *I ate a bowl.
【h】スピード違反でパトカー（の警官）に捕まった。
　　 The policeman (in the patrol car) caught me.
【i】あっ！　時計（の針）が止まった。
　　 Oh, no! (The hands of) my watch stopped.

第3章 比喩は翻訳できるのか

　換喩の例は括弧の中のことばを省略しなければ、普通の文になってしまいます。たとえば、【a】では「やかん」はソト側の容器で「お湯」はその中に入っているものです。この容器とお湯は隣接しています。「お湯」が「沸騰している」のに、そのことを言わないで、「やかんが沸騰する」というのが換喩です。この文の「やかん」はただの「やかん」ではなく「お湯」の入った「やかん」になります。「沸騰している」という述部の主語としてソト側の容器だけを使うのが換喩なのです。残りの【b】～【i】の換喩も同じように説明がつきます。

　ただし、【f】と【g】は英語にはそのまま訳せません。【f】は "flat tire" という慣用句があるし、【g】は、厚手で深さのある器によそったお米の上にうなぎ、牛肉、てんぷらなどを盛って、食べる風習のない文化では換喩は成り立ちません。しかし、日本語でも換喩が可能なのは「どんぶりもの」の場合だけで、ご飯茶碗にもられたご飯を食べるからといって「茶碗を四杯も食べた」とは言えないし、愛用の九谷焼のコーヒーカップでいつもコーヒーを飲んでいても「愛用のコーヒーカップを飲んだ」とは言えません。

　しかし、人類共通の文化であるアルコール飲料の場合は、日本語なら、お酒の入った一升ビンを一本飲んだら、「一升ビンの酒を2本も飲んだ」とも「一升ビンを2本も飲んだ」とも言えるし、英語なら非換喩として "He drank two bottles of wine"（ワインをボトル2本飲んだ）とも換喩として "He drank two bottles"（ボトル2本飲んだ）とも言えます。

換喩は、省略ではない

換喩は、一見、隣接要素（例文【a】で言えば、「お湯」）の省略のように見えますが、実は省略ではありません。「やかんのお湯が沸騰している」という非換喩の場合は焦点は「お湯」に置かれているのに対して、「やかんが沸騰している」という換喩の場合は、その焦点は「やかん」に置かれています。次の例はこのことを端的に示しています。

【a′】やかんのお湯が沸騰するとお湯を注ぐときに飛び散ることがあります。（焦点は「お湯」）
【a″】やかんが沸騰すると蓋が上下に動くのを見て蒸気機関車を発明した。（焦点は「やかん」）

【a】以外の例文も換喩の場合と非換喩の場合とでは「焦点」が異なることで、上の【a′】と【a″】の場合と同じように説明がつくし、これらは翻訳しても何も消えません。

換喩は、実は省略ではないことを示すいい例をウェッブ上で見つけました。次の2つの実例を英訳するつもりで読んでみてください。

【A】［1］最初の短編は「螢」で9ページ目から始まっているが51ページから80ページまでの「納屋を焼く」を再読。［2］村上春樹の小説を読むとビールを飲みたくなり小説に出てくる食べ物がほしくなると何人かが言っている。［3］この短編にも「ローストビーフのサンドウィッチにはちゃんとクレソンも入っていた」とか「1時間足らずの間にビールの空き缶が24個机の上に並んだ」などの表現

第 3 章　比喩は翻訳できるのか

がある。

【B】［1］村上春樹を読んだのは小学 5 年生の時。こっそり父の書斎へ入って、目に付いた「ノルウェイの森」を手に取ったのが最初です。［2］ちなみに最初に読破したのは、なぜか「風の音をきけ」。［3］以来、ずっと読みつづけている作家です。

【A】に出てくる［2］の「村上春樹の小説」は換喩ではありません。焦点は「小説」にあり、小説に出てくる飲み物や食べ物がこの引用文のテーマですから「小説」を省略して換喩化するわけにはいきません。［3］の「短編」も換喩化して「村上春樹」とは言えません。それに対して【B】では［1］の冒頭から換喩表現の「村上春樹」が使われています。［3］でも「作家」が使われていて、村上春樹に焦点が合っていることが確認できます。

夏目漱石の『坊っちやん』には、主人公の坊っちゃんが四国の松山中学の数学の教師として赴任して、色々と事件に巻き込まれます。中学には東京帝大を出た教頭で年中赤いシャツを着ている変わった男がいて、坊っちゃんはその教頭のことをいつも「赤シャツ」と換喩を使って指しています。

「君釣りに行きませんか」と赤シャツがおれに聞いた。赤シャツは気味の悪るい様に優しい声を出す男である。

"How would you like to do a little fishing?" Redshirt asked

me. His tone of voice was so gentle that it made you feel creepy.

(ジョエル・コーン訳)

「赤シャツ」は教頭の身につけているソト側のものを言って、中味を指すという換喩です。このような場合上の作例の【d】と同じく、そのまま換喩として英訳できます。

3-6 創造的な比喩の翻訳

今までは直喩、隠喩、擬人化、提喩、換喩という、慣用化された比喩について考えてきましたが、ここでは作家が作品の中で個人的に創る「創造的な比喩」がどのように翻訳されているかを見ることにします。この比喩は「慣用的な比喩」とは違って、作家の個人的な認知の仕方を摑むのに役に立つし、作家の文体の解明にも役に立つに違いありません。

次の3つの比喩はいずれも漱石の『明暗』(1917年)から採った例文です。比喩には下線が引いてあります。日本語の比喩がどのように英訳されているかをよく見てください。

【a】するとその時お秀の口から最後の砲撃のように出た「兄さんは嫂さんよりほかにもまだ大事にしている人があるのだ」という句が、突然彼女の心を震わせた。

Then O-Hide discharged as though it were a final round a remark that thudded into her and quickened her pulse yet

第3章　比喩は翻訳できるのか

again. "There's someone else beside Sister you care about."

（ジョン・ネーサンの訳）

【b】したがってお延の努力は、<u>風船玉のようなお秀の話を</u>、まず下へ引きずりおろさなければならなかった。
O-Nobu's task, accordingly, was to pull back down to earth the suspended <u>balloon of O-Hide's reflections</u>.

（同上）

【c】その代り多少気味の悪い事実が遠くから彼を威圧していた。お延の詩、彼のいわゆる妄想は、だんだん活躍し始めた。<u>今まで死んでいるとばかり思って、いじくり廻していた鳥の翅(つばさ)が急に動き出すように見えた時</u>、彼（＝津田）は変な気持がして、すぐ会話を切り上げてしまった。
In his temperament there was no poetry equal to hers. In its place, somewhat distasteful facts oppressed him from a distance. Gradually O-Nobu's poetry, what he had called her fantasy, became active in him. <u>He had been toying with the wings of a bird thinking it was dead; when the wings began abruptly to move</u>, it gave him an odd feeling and he wound up the conversation at once.　（同上）

【a】の文の「最後の砲撃のように」は直喩で、英語では "discharge"（発砲する）という隠喩になっています。【b】の「風船玉のようなお秀の話」は直喩であるのに対して英語では "balloon of O-Hide's reflections"（お秀の風船

玉のような話)でどちらも直喩として翻訳されています。【c】の原文に出てくるお延の「妄想」が下線部で直喩ですが、訳文では隠喩になっています。

次の例はすでに使った村上春樹の『螢』の一部からの引用です。ここでもまず比喩を探して、それが5種類の比喩のどれに当たるかを見極めてください。そして最後に原作の比喩が英訳でどうなっているかについても考えてみてください。

[1] 螢は何かを思いついたようにふと羽を拡げ、その次の瞬間には手すりを越えて淡い闇の中に浮かんでいた。[2] そしてまるで失われた時間を取り戻そうとするかのように、給水塔のわきで素早く弧を描いた。[3] そしてその光の線が風ににじむのを見届けるべく少しのあいだそこに留まってから、やがて東に向けて飛び去っていった。

[1] As if some thought had suddenly occurred to it, the firefly spread its wings, and in a moment it had flown past the handrail to float in the pale darkness. [2] It traced a swift arc by the side of the water tank as though trying to brings back a lost interval in time. [3] And then, after hovering there for a few seconds as if to watch its curved line of light blend into the wind, it finally flew off to the east.

(アルフレッド・バーンバウム訳)

[1] の「思いついたように」は普通、人にしか使わない

認知動詞の「思いつく」を使った擬人化兼直喩、［2］は「まるで〜のように」でわかるように直喩、そして［3］の「光の線が風ににじむ」は隠喩です。いずれもあまり創造的な比喩とは言えない比喩です。英訳では、最初のは "as though"（まるで〜のように）という直喩のマーカーがついているので、原語と同じく直喩で、"some thought had suddenly occurred to it" で擬人化表現になっています。［2］は "as though" がついているので直喩です。［3］ "as if to watch its curved line of light blend into the wind" となっていて原語と同じく隠喩です。

　作家による創造的な比喩の翻訳は、私の観察によると、問題なく翻訳可能なのです。独創的な比喩は文芸作品に情感豊かな想像性を与え読者の魂を揺さぶることさえあります。実はすべての文芸の主題はそのもの自体ではなくほかの何かの比喩なのです。

第4章　過去の話なのに、現在形？

4-1　現在形と過去形しかない日本語

　日本語で書かれた小説が、過去のことを物語っているのにあるときは過去形で、あるときは現在形で書かれていることに気づいたことがありますか。一体どうしてこんなことが日本語で起きるのでしょうか。この理由が具体的にわかるために、以下に引いた川端康成の『山の音』（1954年）からの1節をざっと読んでください。引用箇所は、主人公で、鎌倉に妻と息子夫婦と暮らしている会社重役の初老尾形信吾が、ある日山の音を聞いてそれを死の宣告と受け取るという場面です。[　]の中の動詞は過去形で、下線を引いたそれ以外は現在形です。

　[1] 八月の十日前だが、虫が鳴いている。[2] 木の葉から木の葉へ夜露の落ちるらしい音も聞える。[3] そうして、ふと信吾に山の音が[聞えた]。[4] 風はない。[5] 月は満月に近く明るいが、しめっぽい夜気で、小山の上を描く木々の輪郭はぼやけている。[6] しかし風に動いてはいない。[7] 信吾のいる廊下の下のしだの葉も動いてはいない。[8] 鎌倉のいわゆる谷（やと）の奥で、波が聞える夜もあるから、

信吾は海の音かと［疑った］が、やはり山の音［だった］。［9］遠い風の音に似ているが、地鳴りとでもいう深い底力が［あった］。［10］自分の頭のなかに聞えるようでもあるので、信吾は耳鳴りかと思って、頭を［振ってみた］。［11］音は［やんだ］。［12］音がやんだ後で、信吾ははじめて恐怖に［おそわれた］。［13］死期を告知されたのではないかと［寒けがした］。［14］風の音か、海の音か、耳鳴りかと、信吾は冷静に考えたつもり［だった］が、そんな音などしなかったのではないかと［思われた］。［15］しかし、確かに山の音は［聞こえていた］。

[1] Though August had only begun, autumn insects were already singing. [2] He thought he could detect a dripping of dew from leaf to leaf. [3] Then he heard the sound of the mountain. [4] It was a windless night. [5] The moon was near full, but in the moist, sultry air the fringe of trees that outlined the mountain was blurred. [6] They were motionless, however. [7] Not a leaf on the fern by the veranda was stirring. [8] In these mountain recesses of Kamakura the sea could sometimes be heard at night. [8] Shingo wondered if he might have heard the sound of the sea. [8] But no — it was the mountain. [9] It was like wind, far away, but with a depth like a rumbling of the earth. [10] Thinking that it might be in himself, a ringing in his ears, Shingo shook his head. [11] The sound stopped, and [12] he was suddenly afraid. [13] A chill passed over him, as if he had been notified that death was

第4章　過去の話なのに、現在形?

approaching. ［14］He <u>wanted to question</u> himself, calmly and deliberately, to ask whether it had been the sound of the wind, the sound of the sea, or a sound in his ears. ［14］But he <u>had heard</u> no such sound, he was sure. ［15］He <u>had heard</u> the mountain.

（エドワード・サイデンステッカー訳 "The Sound of the Mountain" ［8］と［14］が2つあるのは、原文の1文がそれぞれ2文に訳されているからである）

　原文で現在形から過去形へ切り替わる規則が見つかりましたか。下のサイデンステッカー訳を見てみると原文の現在形はすべて過去形になっています。

「現在形」「過去形」というのは文法の範疇(はんちゅう)で、動詞や形容（動）詞の形で示されています。つまり、現在形、過去形、未来形で示されます。日本語には現在形と過去形の2つだけで、未来形はありません。英語では3つ全部揃っています。日本語のように未来形がないけれど、現在形に副詞とか助動詞を使って未来を表現する言語もあります。

　現在、過去、未来もウチ・ソト関係で表せます。もともとウチ・ソトは空間表現ですが、比喩として時間表現に転移するので現在、過去、未来という「時間」を図示すると次のようになります。

「現在」は自分が今いるウチ空間で過ごしている時間で、その幅は人がおかれた情況によって違います。「過去」は

たしかに過ぎ去った時間ですから、「ソト時間」です。それは個人的に体験した記憶の時間であり、今も新鮮な記憶として深く残っている「過去」かもしれません。「未来」は未体験の時間ですから、通常、「ソト時間」です。しかし、SF作家などは想像力によって未来を現在に入れこんでいるから、かなり未来に対して「ウチ時間」の意識を持っているでしょう。しかし、一般には未来はいまだ来ていない、未体験の時間です。

言語は時間を「時制」（テンス）として文法に組み込んでいます。要するに、時間は人が空間の中で過ごす時に感じるもので、時制はあくまでも時間を表現する文法範疇なのです。「現在時制」は何かがまだ終わっていない、という「未完了」の状態を表すのに対して、「過去時制」は何かがすでに起きたことを表します。

さて、これから本節の主要テーマに入ります。物語の文章の中で過去のことを物語りながら、過去形が現在形に替わることがあるのは日本語学の中では早くから気づかれています。ただ、それがどのようなときに起きるかとなると日本語学者によってその考えは異なります。

上に挙げた川端の文章の中で、現在形の［1］［2］［4］［5］〜［7］はすべて出来事ではないのに対して、それ以外の過去形の文はすべて出来事、それも主人公にとってショッキングな出来事を表すのだ、ということで時制の転換が説明できるのです。

4-2　意識の流れを、現在形で

　それでは、川端とはかなり異なる三島由紀夫の『宴のあと』（1960年）からの文章を考えてみましょう。川端の時制の交替とどこが違うと思いますか。［1］と［6］だけが過去形で他は現在形になっています。英訳をするとしたら原文の現在形はどうしたらいいと思いますか。

　［1］かづは闇に浮ぶ石段を見上げたまま、死後のことに［思い及んだ］。［2］過去はひとつひとつ足許から崩れて、身を倚せるべきところはどこにもない。［3］もしこのまま死んで行ったら、弔ってくれる人は一人もあるまい。［4］死後を思ったら、頼るべき人を見つけ、家族を持ち、まっとうな暮しをしなければならないが、そうするためには、やっぱり恋愛の手続を辿るほかはないと思うと、又しても罪障を怖れずにはいられない。［5］つい去年の秋まで、雪後庵の朝毎の散歩に、世間も人の心も庭を見るように見晴らしがきき、何ものももう自分を擾すことはないという確信に充ちたのも、その明澄さ自体が地獄の兆ではなかったかと思われて来る。［6］……そして先程案内の僧侶にきいた、その修二会の行事が一貫して懺悔滅罪の練行であるという由緒も、かづには自分の身に添えてわかるような［気がした］。

　［1］で、女将かづが死後のことを考えはじめたことが過去の出来事として書かれています。女将はそのときまで死後のことは考えていなかったのですから、それは大きな

「心理的出来事」だったに違いありません。それを出来事を表す過去時制で示すのは問題ありません。[2]から[5]までの部分はかづのきわめてウチ的な「意識の流れ」を描写しています。

この部分の現在形の説明はこうです。かづのメンタルな状況を過去の出来事としてではなく、その場の意識の流れとして、あたかも自然の川の流れのように描写しています。臨場感の溢れた描写ですが、未完了の映像的な心理描写です。そして段落最後の[6]は意識の流れから目覚め、現実に戻ったことが出来事として表現されているので、再び過去形に戻っています。過去形の[1]と[6]が現在形の[2]〜[5]をサンドイッチのように挟んだ段落構成になっています。

訳者のドナルド・キーンは次のように翻訳しています。

[1] Kazu's eyes were still on the stone staircase rising into the darkness as her thoughts turned to death. [2] The past piece by piece crumbled away under her feet, and she was left with nothing to support her. [3] If she went on in this way, there would probably not be a single person to mourn her when she died. [4] Reflections on death convinced her that she must find someone she could depend on, have a family, lead a normal life. But the only way to do this was to go through with the formalities of love. [4] She could not help tremble at the thought of still further sins. [5] Only very recently — last autumn, it was — she had in the course of her promenade each morning at

the Setsugoan <u>looked</u> at the world and at people with the same clarity as she surveyed the garden. ［5］She <u>was</u> absolutely convinced that nothing could disturb her anymore. ［5］But now she <u>wondered</u> if that transparency itself were not a portent of hell... ［6］The priest with them <u>had explained</u> that the Omizutori ceremony was from beginning to end a disciplinary rite of penitence and atonement. Kazu felt a personal awareness of what this meant. ("After the Banquet" 1963年。［4］と［5］が2度、3度繰り返されているのは、原文の1文がそれぞれ2文、3文に訳されているからである)

　英語の制約のために訳文を原文のような二層の談話構成にしていないし、英語ではできないと思います。しかしながら、サンドイッチになっている部分をイタリックにして現在形を使えば、この意識の流れの部分を原文と同じように表現できたのではないでしょうか。日英語による文学の翻訳は（英文学のためにも）時制の交替を取り込むことが必要ではないかと思われます。

4-3　リービ英雄の時制

　私は京都の国際日本文化研究センターで2010年に開かれた「日本語を書く——文学創作の喜びと苦しみ」（企画者：郭南燕）というシンポジウムに参加して、非母語者として日本語で日本文学を書いている「日本語作家」たちに会い、強い興味を持つようになりました。どうしてかとい

うと、日本語作家たちがどのように日本語を異化しているのかという問題に強い関心を持つようになったからです。特に日本語作家を代表する作家の一人としてリービ英雄（1950～）の日本語を色々な角度から吟味してみました。その中の1つが時制の交替現象でした。

　リービは日本語を流 暢(りゅうちょう)に話すし、博士論文は柿本人麻呂論で、日本語では『英語でよむ万葉集』（2004年）という本を出版しています。リービは日本語で小説を書くことによって「越境」という彼の好きなキーワードを実践してきました。彼の『越境の声』（2007年）では、小説を「バイリンガルに近い感覚で書く」のだと言っています。おそらくそのプロセスの中に翻訳に通じる認知的な作業が存在しているのではないかと思います。

　越境文学者のリービが母語でない日本語を使って、どのように時制を表現するかは、大変興味深いので、その点をしばらく考えてみたいと思います。

　【A】～【D】の4つの例をリービの作品から引用します。【A】はユダヤ系の主人公が中国に住み着いたユダヤ人の子孫を探し歩くというテーマの短編小説「仮の水」です。［1］から［4］までの下線を引いた述部をすべて過去形で書いています。もしあなただったら現在形に変えたいと思う文がありますか。【A】をそのまま英訳するとしたら下の拙訳のようにすべて過去形になることでしょう。

　　【A】［1］落ち着かなくなって、また右側の窓に視線を移した。［2］麦畑に覆われた陸と化した元の川底が絶え間なく北へつづき、無限に東へも広がっていた。［3］細長い航

第4章　過去の話なのに、現在形？

跡を想わせるように平原の中には小道が<u>延びていた</u>。［4］その上には小さな人群れが<u>点在していた</u>が、どこにも家屋は<u>なかった</u>。

（『仮の水』2008年）

[1] I lost presence of mind, and <u>moved</u> my eye towards the right of the window. [2] The original river bottom which had changed to a land covered with growing wheat just <u>continued</u> endlessly, and <u>expanded</u> limitlessly to the east, too. [3] A path <u>was extending</u> through the prairie like a narrow wake behind a sailing boat. [4] Here and there <u>were</u> small groups of people on the path, but nowhere I <u>found</u> houses.

（拙訳 "Fake Wate"）

　リービは文の［1］ではユダヤ人の子孫を探すために車窓を漫然と眺めているのではなく、視界に入った自然、家並みはすべて探索のための風景です。［2］［3］［4］の車窓からの風景は刻々と変わって行く出来事です。したがってこの文章ですべて述部が過去時制になっているのは十分理解できます。川端からの抜粋の英訳で見たように、英語ではほとんど機械的に過去時制になります。リービはそのきまりですべてを過去形にしたのではないということです。翻訳で消えるものはないと言っていいでしょう。

　以下の例とその分析で明らかにするように、リービは単に英語の修辞法を日本語の小説に単純に移行させているのではなく、むしろ日本語の時制交替のレトリックを異化し、

多様化しているのだと私は考えます。

4-4 日本語の再構成

それでは、今度は、【B】のリービの自伝的処女作の『星条旗の聞こえない部屋』(1992年)を読んで、そこで使われている時制交替の理由を探ってみてください。原文の直下のクリストファー・D・スコットの英訳(2011年)と比較して、原文の時制交替をどう英訳しているかを指摘してみましょう。

【B】[1] はじめて日本人といっしょにさまよう東京の街に、ベンは[魅せられた]。[2] 歩いても歩いてもいつまでも解けない謎の道を、大またで熱心に歩く安藤の黒い学生服姿の後について通り抜けると、とつぜん二人の頭上に空が広々と開ける。[3] 並木通りの交差点をせっせと横断している、安藤と同じ学生服のかたまりと、その黒一色を紫や格子縞のドレスで斑らにした女学生の群れの上で、くすんだ紺碧の中で石盤色の雲が絶え間なく北へ流れてゆく。[4]「日本が狭い」という嘘に反駁(はんばく)するように大きな空が視野に入ってくる広い並木通りの両側に沿って、安藤の世界が[続いていた]。
(『星条旗の聞こえない部屋』1992年。[4] は日本語としては [3] の一部であるが、翻訳では独立した文 [4] になっている)

[1] Wandering the streets of Tokyo with a Japanese per-

第 4 章　過去の話なのに、現在形？

son for the first time in his life, [2] Ben was fascinated by what he saw. [2] He was perpetually confused, unsure where he was. As they navigated those mazelike backstreets, the sky would suddenly appear above them. [3] Out of nowhere Ben would see crowds hurrying across the tree-lined avenue — the swarms of schoolboy uniforms, just like Ando's, and the throngs of female students in lavender and checkered dresses like islands in a sea of black. [3] Above them, a steady stream of slate-colored clouds flowed northward against a dark blue background.
[4] Ando's world stretched as far as the eye could see, along either side of the wide avenue, with its panoramic view of the sky that seemed to refute the myth that Japan was small.
("A Room Where The Star-Spangled Banner Cannot Be Heard" [2] と [3] が 2 つあるのは、原文の 1 文がそれぞれ 2 文に訳されているからである)

　文［1］は主人公ベンの記憶に残る心理的な出来事を表すから過去時制であり、［4］はベンが久しくつき合っている安藤が与えてくれた新鮮な心理的出来事だということで、ベン（つまり作者）にとっては新鮮な出来事だったのです。それに対して、［1］と［4］に挟まれた［2］と［3］は、主人公のベンの目を通して見た単なる風景描写なので現在時制になっています。英訳では英語のきまり通り［1］〜［4］すべて過去時制に翻訳されています。

　次の例【C】は「仲間」（『星条旗の聞こえない部屋』所収）

85

からの一節で、主人公がわくわくしながらはじめて新宿の町に一人で出かけて行くところを描いていた箇所です。

この箇所について【B】と同じ問に答えてください。

【C】［1］五六分も経たないうちに、明治通りがゆるやかな下り坂となって、下り切ったところで二股に分かれるのが先方に［見えた］。［2］二股の上にかかった長い歩道橋が淡雪の中で白く輝いている。［3］二股の手前でがくんと揺れて右へ姿を消した都電の後を追って、ベンは二階建ての家屋にはさまれて弓状に曲った線路を踏んで［歩いた］。［4］まだ夜になっていないのに、もうすでにジャズや演歌がかすかに［流れていた］。［5］二階の窓のものほし台にはドレスやタオルの洗濯物が、置き忘れられたように雪に覆われてたれ下っている。［6］その向うの窓には女が座って、白い線路を注意深く歩いて近づいている自分を上から眺めているのに、ベンは［気づいた］。

[1] Within five or six minutes, Meiji Avenue gradually sloped downhill. [1] At the bottom, he could see the road split. [2] The long pedestrian bridge spanning the divide was dazzlingly white in the fine snow. [3] Just before that point, a Toden streetcar jerked to the right and disappeared around a curve. [3] Ben followed it, treading along the tracks that snaked between two-story buildings on either side. [4] It was not yet night, but the sounds of jazz and mournful Japanese ballads were already in the air. [5] On a rack outside a second-floor apartment, laundry

hung under the fresh coating of the snow; someone had neglected to take it in. ［6］In the opposite window, Ben watched a woman watch him as he carefully made his way along the withered tracks toward her.

（クリストファー・D・スコット訳。［1］と［3］が2つあるのは、原文の1文がそれぞれ2文に訳されているからである）

　この場面で文［1］と［6］はベンの視覚上の発見、［3］はベンの歩行、［4］は聴覚上の発見の描写で、それぞれ、過去形で書かれています。出来事の程度は客観的にはそれほど高くはありません。しかし、わくわくしながら、新宿に向かって歩いて行くベンの心理状況からすると、やはり、はじめてあこがれの新宿が近づいてくるところを描写した［1］も、興奮して歩いている自分が人に見られているというベンの自意識も出来事として認知されているのです。それに対して、［2］と［5］は静的な一幅の絵画のような描写で、それが出来事として捉えられていないのは極めて自然です。英訳版ではリービの微妙な時制交替はすべて過去形になっています。

　リービの文体は川端のような伝統的な時制の交替に比べると、より微細なところを見せていると言えるでしょう。時制の交替をより微細にすることによって日本語自体の文体を再構築していると言ってもいいと思います。それでは、リービの時制交替はいつも彼ならではの微妙で新鮮な時制交替を使っているかというと、そういうわけではありません。

最後の例【D】を見てみると、[1]と[3]の文は、それぞれ、聞き慣れない中国語の方言を聞いた聴覚上の出来事と石塔を見たという視覚的な出来事を過去形で表現し、[2][4][5]は現在形で周囲の状況の描写になっていて、日本語を母語とする作家の書き方と全く同じ時制の交替をしています。

【D】[1] いくつかの方言が耳に[飛んで来た]。[2] 白いスーツの初老の男が携帯電話に命令調の南方の言葉を叫んでいる。(中略)[3] 遠く遠くそびえる高さ百メートルほどの石塔がかれの視界に入った。[4] 石塔は、両側から白んだ金属色の炎とも見えるかげろうが嘗めて、揺らいでいる。[5] 地下道から上がったばかりのかれは広場の端に立っていたのだが、立っていたところからそう遠くない敷石の上にもかげろうがおどっている。

(『天安門』)

[1] Several dialects <u>jumped</u> into my ears. [2] A man who must have passed the midde age <u>shouted</u> Southen dialect into a cell phone like a command. (...) [3] Further down a stone tower of about 100 meters high <u>came into his view</u>. [4] The stone tower <u>was waivering</u> in the approaching white haze from the both sides. [5] He just <u>came up</u> through a underpath and <u>was</u> <u>standing</u> at the edge of the square. Not so far away where he was, again, the heat haze <u>was dancing</u> on the stone paving.

(拙訳)

第4章　過去の話なのに、現在形？

　以上、時制交替を通して日本語の書き手がどのような捉え方をしているかを説明してきました。人は物事を同じ角度から同じ解釈で見ているとは限りません。作家が過去形や現在形を選ぶときにその作家の捉え方が現れるわけで、読み手はその捉え方をつかまなければ作家の心理の襞は読めないのです。ものの捉え方は個人差だけの問題ではなく、本章で考えてきたようにどの2つの言語文化との間にも差があります。時制交替でわかったことは、英語のように表現の対象とできるだけ距離をおいて客観的に過去時制で捉える言語に対して、日本語のように表現対象にあるときは客観的、あるときは主観的に時制を使い分けているわけです。

　次章では日本語人、英語人が日本語を通して「数」をどのように捉えているか、というこれまた翻訳に関わるおもしろい問題を取り上げます。

第5章 日本語の数はおもしろい

5-1 「無数」とは？

　言語の中には日本語、中国語、韓国語のように、名詞が単数か複数かを示すために特定の接尾辞をつけなくてもいい言語があります。一方、英語を含むインド・ヨーロッパ語族の言語では名詞のあとに複数形の接尾辞（たとえば、英語では /s/）をつけて複数形であることを明示します。もし名詞が主語として使われていたら、それが単数か複数かによって、述部の動詞の形が変わる言語もあります。英語はその1つで、"A dog is barking"（犬が吠えている）は主語が単数だから "is barking" ですね。主語が複数だったら、"Dogs are barking" は主語が複数だから、"are barking" となります。英語を私たちが勉強したときに苦労した文法の1つです。

　これを知らなければ日本人とは言えないという俳句に、松尾芭蕉の「古池や　かはづ　飛び込む　水の音」ですね。この俳句を英語に訳してみてください。「かはづ（蛙）」を flog としましたか、それとも flogs としましたか。大抵の日本人は「かはづ」を単数だと思い込んでいるのではないでしょうか。もしそうであれば flog と訳したかと思いま

すが、でももし私が「どうして単数なんですか」と聞いたら、何と答えますか。これが日本語の数を考えるおもしろさなのです。

日本語が名詞の単複に無頓着だということを私が考えるきっかけになったのは、池上嘉彦が認知言語学について著した『「日本語論」への招待』(2000年) のおかげです。その著書で、今挙げたばかりの俳句「古池や　かはづ飛び込む　水の音」の「かはづ」が単数か、複数かという問題を取り上げています。ラフカディオ・ハーン（小泉八雲、1850～1904) が英訳で「かはづ」を"frogs"と複数形で訳していることも指摘されていて、私は正直なところ、ひどく驚きました。私の経験上、この俳句に登場する「かはづ」の数を問われた日本人は異口同音に「一匹」だと答えてきたからです。

日本人は、学校教育の中で、近世の「わび」とか「さび」という美学概念を学習したから、その眼鏡で俳句の中の名詞の単複を解釈しているからでしょうか。複数形標示を持っている言語に翻訳する場合、「かはづ」を複数に翻訳したら誤訳なのでしょうか。私は誤訳だとは考えません。この俳句の捉え方次第で、単数に解釈したり、複数に解釈したりすることが可能なのです。

英語への翻訳例を見てみましょう。翻訳例のあとに訳者名を出してあります。原詩の5－7－5の切れ目に相当するところには斜線を、"frog（s）"は斜字体にしてあります。【a】～【c】は単数訳、【d】は複数訳、【e】～【g】は単数でも複数でもない裸の名詞訳になっています。あなたは芭蕉の俳句を虚心坦懐に鑑賞し直すとどの英訳がどういう理

由でいいと思いますか。

【a】The ancient pond / *a frog* leaps in / the sound of water
　　　　　　　　　　　　　　　　　　（ドナルド・キーン訳）
【b】The old pond / *A frog* jumps in / The sound of water.
　　　　　　　　　　　　　　　　　（レジナルド・ブライス訳）
【c】Into the ancient pond / *A frog* jumps / Water's sound!
　　　　　　　　　　　　　　　　　　　　（鈴木大拙訳）
【d】Old pond / *frogs* jump in / sound of water
　　　　　　　　　　　　　　　　　（ラフカディオ・ハーン訳）
【e】Old dark sleepy pool / quick unexpected *frog* / goes plop! Watersplash.
　　　　　　　　　　　　　　　　　（ピーター・ベレンソン訳）
【f】old pond / *frog* leaping / splash
　　　　　　　　　　　　　　　　　　（シッド・コーマン訳）
【g】Pond / *frog* / plop!　　（ジェームズ・カーカップ訳）

　一体、芭蕉は一匹の蛙が古い池に飛び込むのを見たのでしょうか。それとも複数の蛙がポシャン、ポシャンと飛び込むのを見たのでしょうか。プリンストン大学の私の学生たちのほとんどは複数だと答えたので仰天した思い出があります。彼らはその方が古色蒼然(そうぜん)とした池の静けさを破るのに効果的だというのです。いかにもアメリカ人的でおもしろいと思います。もし一匹だったら、たとえば、「匹」という助数詞を使って「古池や　蛙一匹　水しぶき」とでもしたら、単数性は、もちろん、はっきりします。俳句は短すぎるので、詳しい情況はいずれにしてもつかめませんが、だからこそそこに抽象絵画とか彫刻と同じようなおも

しろさがあると言えます。

ヒントは俳画のなかに

幸いなことに、芭蕉は俳句の弟子の森川許六（1656〜1715）から俳画を習っていて、自分の俳句を讃としてつけている俳画を残しています。「古池や」の俳句にも俳画があります。

岡田利兵衛『図説芭蕉』によると、平仮名の「や」の字体から判断して、俳句自体は間違いなく芭蕉が書いたものだと記述されています（しかし、芭蕉は他人が描いた絵に讃をつけて、その絵を俳画にする可能性があるので、絵自体を芭蕉が描いたことにはならないと岡田は書いています。俳画に関しては弟子だった芭蕉が許六の俳画に讃をつけた蓋然性は非常に高いと言えるでしょう）。となると、芭蕉は一匹の蛙を古池で見たことになる可能性が十分あります。ただし、俳画があるために俳句鑑賞が一律になってしまうという危険性があることも認めなければならないでしょう。むしろ、映像は俳句を鑑賞する者の想像力にまかせられて、たとえ、鑑賞対象の俳句に対応する俳画があっても、俳句は俳句だけで鑑賞されるべきだという立場も十分あるでしょう。

「古池や」の俳画

第 5 章　日本語の数はおもしろい

　英訳者はおそらく俳画は見ていないので、「蛙」は単数か複数か、あるいは数が無いという意味で「無数」なのかの3通りの解釈ができます。たとえば、「蛙」を単数に訳せば、複数と無数の可能性を封じることになります。それにしても、上で示した7つの英訳の中で、ベレンソン、コーマン、カーカップ（【e】～【g】）が単数表示の /a/ も複数表示の /s/ もつけていないのは注目すべき点です。「無数」つまり「数はない」として裸形の *frog* を訳語にしたのは非常に興味深いです。なぜなら、蛙が個別化されず、「かはづ」そのもののエッセンスだけを禅的に表現しているという深みが出てくるからです。その意味で私は無数形にしたベレンソン、コーマン、カーカップの訳が好きです。

　それでは、「古池や」に劣らず有名な芭蕉の俳句をもう1つ見てみましょう。

　　枯枝に　からす乃とまりたるや　秋の暮

　Autumn evening / A crow perched / On a withered bough
　　　　　　　　　　　（レジナルド・ブライス訳）

　英訳を見ると「からす」は単数になっていますが、この句に出てくる「からす」は単数か、複数か、その決め手は何でしょうか。

　この俳句は1681年、芭蕉が37歳の時の作で、この俳句を俳画（A）に讃としてつけています。空には20羽のからすが空を飛んでおり、木には7羽のからすが止まっています。この俳画について大谷篤蔵は芭蕉自らの俳画ではなく、

「枯枝に」の俳画（A）

だれかほかの著名な俳画家が描いたものだとしています。芭蕉が描いていないにしても、彼が讃として「枯枝に」の俳句をつけたのですから、たとえ、俳句では「からす」は1羽だと思っていても、私たちとしては芭蕉が複数の「からす」を見て、それを題材に発句したとしか考えようがないと思います。

ところが、1693年、芭蕉49歳、亡くなる約1年前に、1681年の俳句を次のように書き換えているのです（下線は筆者）。

　　<u>枯枝に</u>　からす<u>乃</u>とまり<u>たる</u>や　秋の暮
　　　（1681年、37歳の作。亡くなる13年前）
　　<u>かれえだに</u>　からすのとまり<u>けり</u>　秋のくれ
　　　（1693年、49歳の作。亡くなる1年前）

12年前のとは随分違いますね。過去の助動詞も「たり」が「けり」になっているし、使っている漢字も5つあったのが「秋」1つになっています。日本人のウチなる気持ちを直截（ちょくせつ）に表現する「ウチ表記」の平仮名がぐっと増えています。ウチなる孤独の気持ちはウチ的な平仮名表記で表現したのではないでしょうか。俳句の伝達内容の骨子は同

じですが、その内容を盛る容器が違うので、俳句全体の意味も変わっています。

芭蕉、晩年の感慨

　2つのバージョンをもう少し詳しく比べてみましょう。1681年版では助動詞は「たり」の連体形の「たる」で、1693年版では終止形の「けり」が使われています。なぜ12年後に助動詞を「たり」から「けり」に変えたのでしょうか。「たり」は「てあり」の縮約形で〈状態の継続〉を表す助動詞です。すなわち、「からすが止まっていた」という意味です。それに対して、「けり」はその意味解釈が人によって違いますが、『岩波古語辞典』によると、次のように定義されています。少し長いですが引用しておきます。

　　「けり」は、「そういう事態なんだと気がついた」という意味である。気づいていないこと、記憶にないことが目前に現われたり、あるいは耳に入ったときに感じる、一種の驚きをこめて表現する場合が少なくない。それ故「けり」が詠嘆の助動詞だといわれることもある。しかし「けり」は、見逃していた事実を発見した場合や、事柄からうける印象を新たにした時に用いるもので、真偽は問わず、知らなかった話、伝説・伝承を、伝聞として表現する時にも用いる。

　平たく現代語で言えば「けり」は「ああ、そうだったんだ」と新しい気づきに驚いていることを表現しているので

す。12年前の若いときには、間投詞の「や」で感情を表現してはいますが、からすが止まっているな、ぐらいの単純な感覚で秋の暮の情況を捉えていたのに対して、死を直前にしたときに、12年前の情況をもう一度振り返り、新鮮な感慨に浸り、孤独なからすの状況と葉を落とした枯枝を自分の死を意識した孤独の状況に重ね合わせて、単数のからすに切り替え、その俳句を俳画の師匠の森川許六の俳画（B）に讚としてつけたのではないでしょうか。

芭蕉は1羽のからすが枯れ枝にとまっている墨絵を許六に頼んで描いてもらったのか、あるいは、許六が俳諧の師匠の12年前の俳句を思い出して、からす1羽の墨絵を描いたのかは、もちろん、知りようがありません。興味深いことは俳句という文芸と俳画という絵画芸術の有機的なつながりです。複数のからすを単数に交替させたのは芭蕉の詩的想像力の産物だったのでしょうか。この数の交替をめぐる問題は私たちの好奇心を限りなく刺激してくれます。

「枯枝に」の俳画（B）

5-2　複数標示の「タチ」は一体何か

前節では単数か複数かを俳句を例にとって考えました。

第5章 日本語の数はおもしろい

日本語には英語やほかのインド・ヨーロッパ言語のように自動的に単数、複数を表示する接尾辞はありませんが、複数標示が無いかと言えば、そんなことはありません。すぐ気がつくように「タチ」(達)、「ラ」(等)、「ドモ」(共)がありますね。この3つの複数表示の中で私は特にタチについて考えてみたいと思います。

たとえば、下に挙げた例文は、「タチ」を使っても使わなくても正しい文です。

> 男の子 (タチ) が四人遊んでいた。
> 色々な人 (タチ) が学会に出席した。
> 女の子 (タチ) がアイドルのまわりに集まって来た。
> 週末の原宿には夥しい数の若者 (タチ) が来ている。

「タチ」を使うかどうかは随意なのでしょうか。この疑問にどう答えますか。すでに触れたように、ことばの意味を考えるとき、ことばの形が違えば意味がいろいろな程度に違う、という鉄則があります。タチがあるかないかは文全体として形が違ってくるので、意味が違うはずです。

4つの作例にはそれぞれ複数を表す「四人」「色々な」「集まって来た」「夥しい数の」があるのでタチはあってもなくても問題はありません。しかし、本当にそうでしょうか。

根本菜穂子は論文の中で「三人」のような数量詞が出てくる次の文を分析しています。

> 昨日は日本人達が三人引っ越しに来てくれた。

(下線は筆者)

　根本によると、この文ではタチがあることで「日本人」は特定の日本人を示し、日本人がすでに先行文脈のどこかに出てきているはずであり、もしタチがなければ、日本人は不特定と解釈されるという考えを出しています。私はこれと同意見です。この説明を「共感」の心理を使って言い直すと、次のようになります。

　　話し手／書き手が「共感」を持って比較的長く関わり合っている人が複数だったらタチ形になる。

　タチによって付加される意味は、話し手／書き手が「三人の日本人」に心理的に近い感じをいだいているということになります。したがって、当然先行文脈で三人の日本人のことが出てくるはずです。その「共感」は話し手／書き手の視点を表す文末の助動詞「（来て）くれた」で補強されていると言えます。なぜなら、「くれた」は話し手寄りの視点に立って使う（授受動詞の中の）「受動詞」だからです。

共感は、人間以外にも？

　ここで出てくる私の疑問は、共感を持って接している複数の相手は人間だけなのか、という疑問です。この点を検証するために私はグーグル・コーパスを使って「哺乳動物」「鳥類」「虫類」「魚類」「（植物を含む）自然現象」「自然物」「建造物」「不可触概念」「家具」関係の名詞がどの

ぐらいの頻度でタチをとっているのかを調べました。

そのときの仮説はタチをとる頻度は人間が最高で、人間以外の生物（とりわけ哺乳動物）から無生物に広がり、その頻度は次第に低くなって行くのではないか、というものでした。そこから、相対的な「共感のヒエラルキー」を探り出したのです。グーグルでは件数にダブリがあるので、正確な共感の階層性を示しているとは限りませんが、その結果は私の直感に合っていました。この共感の階層性は次のように「ウチ」から「ソト」への連続的な流れになっています。

人間 > 哺乳動物 > 魚類・甲殻類 > 鳥類 > 異界の生き物 > 植物 > 虫類 > 自然現象 > 自然物 > 建造物 > 家具 > 抽象概念

「虫類」までがいわゆる生物で、「自然現象」からが無生物です。「異界の生き物」が生物の範疇に入っていることは文化論的にも興味深いことだと思います。タチは複数のマーカーだということだけでなく、それがついている生物・無生物に対して話し手／書き手の持つ共感を表現するということです。むろん、詳しく見ていくと上に挙げた範疇の1つ1つの中でも共感の階層性があります。たとえば、人間の中の共感の階層性は、大まかに言って、ウチのウチである「自分」が一番高く、そのあと自分の子供、両親、親戚、友人、同じ組織の中にいる仲間、他人というようになっています。

共感度は話し手／書き手が対象を「個別化して捉える」

ということを前提にしています。環境の中の生物・無生物に対する個別的関心が、とりもなおさず、共感の心理なのです。タチは擬人化のマーカーだと理解すると、タチが単なる複数標示ではないことがわかるでしょう。

なお、原文ではタチは「たち」か「達」ですが、ここでは目立つように「タチ」としてあります。ただし、表記が「たち」か「達」か「タチ」で共感度が異なることは第2章（2-1）ですでに説明をした表記法の表す「共感のヒエラルキー」を参照してください。

下には上の説明を支持する例を挙げておきます。

【a】飼い主を待つ犬タチ、吠える犬タチ。諦めきったようにうずくまる犬タチきっと殆どが死を察しているのでしょう。（哺乳動物）

【b】私達は人間にとってのきれいな環境は螢タチにとっては棲みやすいものではないということに気がつくべきだと思います。螢を復活させるということは「ありのままの自然を復活する」ことであり、人間の目で見てきれいな環境とは違います。（虫類）

【c】会社近くの川に、大きな鯉タチを見つけて何年になるでしょうか。こんな街中の川に魚が戻ってきました。その姿を見ることが、出勤するときの密かな楽しみです。（魚類）

【d】私の育てている薔薇タチ、どれも愛着のある薔薇ばかり。毎年どれもが最高の状態で咲いてくれるわけではありません。（植物）

上例の【a】は捕獲されて町の施設の檻に入れられている犬を可哀想だと見つめている書き手の心情がタチで表現されています。【b】では螢タチが置かれている環境は人間中心の住み心地のよさを螢タチに与えればいいという甘い考えによるものだと、螢の視点で書いています。【c】では、通勤者が鯉を川で何年も見かけていて親しみをもって「鯉タチ」への愛着の気持ちを語っています。【d】の「薔薇タチ」はまるで自分の子供のように丹誠を込めて育てあげた薔薇だからこそ「薔薇タチ」と言えるのです。

この４つの例文を英訳すると、【c】以外はただ複数をあらわす /s/ が名詞について複数形の dogs、fireflies、roses となるだけです。【c】の「鯉」は英語では集合名詞ですから普通は carps とはなりません。

英語の「集合名詞」の場合

しかし、言語学者のウォーリス・ライドの著書（*Verb and Noun Number in English: A Functional Explanation*, 1991）によると、もし話し手／書き手が、通常は複数形をとらない集合名詞である鹿（deer）や魚（fish）、ヒツジ（sheep）を群れとしてではなく、個別化されたもの、つまり共感の対象として見るときには deers とか fishes とか sheeps と言えます。このことに関しては、前述の池上嘉彦はライドの著書から興味深い次の例を引用しています。

> I looked out and saw seven or eight *deer* standing out in the field... As I looked at the *deers* I thought about how nice it was they were safe on our land.　　　　　（斜体は筆者）

外を見ると７、８匹の鹿が野原に突っ立っているのが見えた。……<u>鹿たち</u>を見ていると私たちの敷地内で無事でよかったと思った。　　　　　　　　　　　　　　　　　（拙訳）

　英語にも集合名詞のように原則として /s/ がつかない「無数形」に /s/ がつく場合は「共感」を表現できるということです。この点は池上も「目撃した鹿に対する共感が増すにつれて、deers という〈有数〉の形への切り替えが起こっているのが興味深い」と述べています。この場合は拙訳にも明示したように「鹿たち」と訳せるのです。

　以上で大事な点は、日英語とも、話し手／聞き手が環境にある生物、無生物に対して「共感のまなざし」を向けているということです。しかし、上記のライドが引いた deers の例は特殊な事例であって、英語では通常、名詞に /s/ がついても共感を示しません。したがって、オンラインの例文でわかったように日本語のタチの認知論的な意味は英訳ではほとんどの場合消えてしまうのは仕方がないことでしょう。

　次章では文末の述部で使われる動詞、形容詞、形容動詞に短い形（常体形）と長い形（敬体形）があり、一方が他方に文章の途中で入れ替わったりする現象が英語の翻訳で消えてしまうことを見ていきたいと思います。

第6章 「ですます」が
　　　「である」に替わるとき

6-1　コミュニケーションの矛先

　あなたは今5年先輩の会社の同僚とぎゅうぎゅう詰めの朝の通勤電車に乗っているとしましょう。先輩と話しているので、「〜です」「〜ます」体（敬体形）で話しています。その時突然だれかに足を踏まれました。反射的に「あ、痛い！」と叫んだとします。

　ここで大事な点は決して「あ、痛いです」とは言わないことです。それはどうしてでしょうか。「痛い！」は英語に訳すとしたらどう訳しますか。これが本章のテーマです。この「痛い」という辞書形（辞書形とは、いわゆる「終止形」、辞書の見出しで表示される形のこと）のことを「ウチ形」（常体）と言い、「〜です／ます」で終わる述部を「ソト形」（敬体）と呼びます。

　本節では、日本語の述部の「ウチ形」が「ソト形」に、あるいは逆に「ソト形」が「ウチ形」にどのようなときに交替するのかがテーマです。次頁に「ウチ形」と「ソト形」の表を出しておきます。下線を引いた部分は活用語尾です。否定形は省いてあります。

　ソトの相手を意識して、距離をおいて話す時は表の右側

	ウチ形（常体形）		ソト形（敬体形）	
	〈現在形〉	〈過去形〉	〈現在形〉	〈過去形〉
動　詞	食べ<u>る</u>	食べ<u>た</u>	食べ<u>ます</u>	食べ<u>ました</u>
形容詞	高<u>い</u>	高<u>かった</u>	高<u>いです</u>	高<u>かったです</u>
形容動詞	元気<u>だ</u>	元気<u>だった</u>	元気<u>です</u>	元気<u>でした</u>
名　詞	和食<u>だ</u>	和食<u>だった</u>	和食<u>です</u>	和食<u>でした</u>

にある「ソト形」を使います。それに対して話す相手がウチの人の時に使うのが表の左側にある「ウチ形」です。本節のはじめに出てきた「あ、痛い！」は聞き手を意識しないで反射的に口から飛び出した感嘆詞ですから、「ウチ形」です。ここでソト形を使って「あ、痛いです」と言ったら、それは感嘆詞ではなくなります。

　まず「ウチ形」と「ソト形」の間の切り替えがどんなものかを随筆の実例で示します。どこで切り替えが起き、その理由は何か、それは英語に翻訳できるかを考えてください。

　　［1］小さい、二十代の優しい先生でした。［2］もんぺ姿だったかなあ、よくぼくんちの前を通りかかると、中をのぞいて声をかけてくれたものです。
　　［3］暮れなずむ秋の夕暮れ。その景色を作文に書いたことがある。［4］だんだん日が落ちて、辺りが紫色から、だいだい色に変わっていく。夕げの煙も。［5］刻一刻変わる自然描写をした。
　　［6］「細かく観察して、よく書いています」と、先生はものすごくほめてくれたんです。［7］丸坊主の頭をなでてく

第 6 章 「ですます」が「である」に替わるとき

れた手は温かかった。[8] 今でも思い出します。
[9] 勝手なもので、ほめられたことしか覚えていませんねえ。[10] それで文章を書くことに興味を持った。[11] 教室でよく作文を読み上げられ、「それじゃあ、小説家になろう」というのが、ぼくの夢だった。
(石ノ森章太郎「私と先生」『朝日新聞』〔1990年1月20日付〕)

[1] She was a petite, kind hearted teacher in her twenties. [2] If I remember correctly, she was wearing work pants, and whenever she passed in front of my house she would peek into it and say something to me.

[3] In my essay I once wrote about the autumn scenery of lingering evening glow. [4] As the sun went down gradually the color around there changed from purple into orange color reflecting onto the dinner time smoke. [5] I described the moment by moment change of nature.

[6] The teacher praised me to the skies, saying "You paid attention to the details and wrote very well. [7] She patted my head with her warm hands. [8] I still remember it.

[9] We are so selfish that we remember only someone's praises, don"t we? [10] That's how I became interested in writing. [11] The teacher often read my essays aloud in class and becoming a novelist became my dream.

この文章で [1] [2] [6] [8] [9] は読み手を意識した

ソト形で書かれています。それに対して［3］［4］［5］［7］［10］［11］は書き手である自分の記憶に深く残っている部分でウチ形で書かれています。問題はどんな理由でこのような切り替えが起きたかです。［3］は忘れがたい作文を書いた記憶、［4］は作文で書いた要の部分の記憶、［5］はこれも［3］と同じ記憶です。［7］は先生の暖かい手が自分の頭をなでてくれたという自分のウチに秘めておきたい記憶です。［10］と［11］も、ソトの人には変えることができない石ノ森の記憶の深層を語っている部分です。

　結論を先に言うと、交替が起こる場合のコミュニケーションの矛先は、ソト形の場合は聞き手（あるいは読み手）向きで、ウチ形の場合は自分向けです。この2つの形の交替はウチ空間の自分の家からソト空間に出ること、あるいは、その逆にソト空間からウチ空間にもどるという物理的な空間の移動でも起こります。人はソトからウチに帰ると、堅苦しい「よそ着」を脱いで、楽な「家着、普段着」に着替えるように、コミュニケーションも家（ウチ）に帰れば、ソトの人（上の人）を意識する必要はないから気軽にウチ形の言葉を使います。逆にソトに出かければ、親しい人とウチ形で話す場合もありますが、大抵はていねいなソト形を使います。それが極端になると、ソト形の極限である尊敬敬語とか謙譲敬語を使わなければならなくなります。

6-2　追憶の独り言

　ここで、ウチ形、ソト形の転換をある雑誌の企画で行われた「座談会」からの例で見ていきましょう。いわば「読

第6章 「ですます」が「である」に替わるとき

む会話・対話」です。出典は雑誌『婦人之友』です。ここで取り上げる座談会のテーマは、「親から子供に伝えたい家庭の味」で、出席者は料理専門家の辰巳佳子氏と彼女以外に女性が三人と男性が一人です。座談会の発話の基本はソト形で進行しています。まず、この例を読んで、［　］の中の述部がどうしてウチ形になっているのかを考えてみてください。そして、スタインバックの英訳と原文を比べてみてください。

［1］うちでは，おふくろがお饅頭をふかしたり、柏餅を作っていたし、味噌や醤油は村で共同で作るんですよ。［2］またお客さんが来ますと、おやじがそば［打つ］。［3］そして必ずその日には、鶏が一羽［いなくなる］。［4］あれはうちのおやじのごちそうだったんですね。
（座談会「家庭で伝えたい食卓の文化」『婦人之友』1992年10月号）

[1] At our house, Mom <u>would make</u> *manju* (steamed buns) and *kashiwamochi* (rice cakes wrapped in oak leaves), and the village would come together to make *miso* and soy sauce. [2] When a visitor came, Father <u>would make</u> *soba* noodles. [3] And on those days, a chicken <u>was sure to die</u>. [4] It <u>was</u> Father's way of offering a feast, you see.

（ケヴン・スタインバック訳）

上の男性発話者は自分の家族の料理のことを話していて、

［1］の文では座談会の他の人たちにソト形を使って直接話をしています。それに対して、［2］と［3］の文では生前の父親が繰り返していた下準備のなつかしいイメージを独り言的にウチ形を使って語っています。三人の聞き手をまるで無視するかのように自分の心の中に深く刻まれている記憶をそのままウチ形を使ってウチ向きに表現しているのです。［4］では、はっと目が覚めたかのように、コミュニケーションの矛先を聞き手に切り替えて、ソト形にしています。

［1］と［4］が［2］と［3］をサンドイッチしている構図です。おそらく［2］と［3］は［1］と［4］の文と比べると、発話の速度も速いのではないかと思います。［1］と［4］のソト向きの発話時には目は聞き手に向けられ、［2］と［3］のウチ向きの発話時には目をそらしている可能性が高いです。座談会の現場にいないので証明のしようはありませんが、ここで問題になるのは、言語と非言語がお互いにどのように関わり合うかという大変興味ある問題なのです。

もう1つ注意すべき点は、［1］と［4］、それぞれ、終助詞の「よ」と「ね」で終わっている点です。「よ」は聞き手が知らない情報を、「ね」は話し手も聞き手も知っている情報について相手に話しかけるときに使い、ソトとの相互作用をもたらす終助詞です。［2］と［3］は終助詞がゼロです。これは何を意味しているでしょうか。ゼロであることがその文のウチ向き性を表しているのです。

この例の英訳を見ると、［1］と［2］では、記憶に残っている過去の規則的な出来事・習慣を表す助動詞 "would"

を、[3] と [4] では単純な過去の動詞の "was" が使われています。しかし、英語ではそれが原文のソト形の認知的意味合いを表現しているわけではありません。ここでもウチ／ソト形の交替の大事な違いは英訳では消えてしまいます。本節の初めの方で扱った石ノ森章太郎の随筆「私と先生」のウチとソトの切り替えの実例を読みましたね。あの場合は書き手の記憶に刻まれた部分がウチ形になっていましたが、ここでは話し手の忘れられない記憶がウチ形になっているのです。

6-3　「発話権」に注目すると

　次は「対談」です。ここでは作家の村上春樹が指揮者の小澤征爾とクラシック音楽について色々深く話し合っています。この箇所では村上はアメリカ文学を日本語に翻訳する場合の原文の読み方と小澤が音楽のスコアを読むこととの類似点について話し合っています。

　村上は1949年生まれで、小澤は1935年生まれだから、村上はていねいなソト形を使っています。しかし、いつもソト形を使っているわけではありません。[　] に入れてある太字の箇所で、村上は10文の発話の中で、[2][5][8] で3回ウチ形に切り替えています。それに対して、小澤は9文の発話のうち、[1][3][5][6][9] で5回ソト形をウチ表現に替えています。村上の方がウチ形への交替率が低いのは年齢差も関係しています。しかしそれは問題の中核ではありません。まず、ウチ形の部分に注意しながら読んで、どうしてそこでソト形からウチ形に交替した

のかを考えてみましょう。

村上：［1］スコアってどういうものなのかよくわからないんですが、僕は翻訳をやっていまして、毎日英語で本を読んでそれを日本語に置き換えていくんですが、ときどきぜんぜん理解できない部分に突き当たります。［2］どう考えても、意味がうまく［見えてこない］。［3］で、腕組みして何時間もずっとその何行かの文章を睨んでいるわけです。［4］それでなんとかわかるときもあるけど、まだわからないということもあります。［5］そうなるといちおうそこを飛ばして次に進んでいくんですが、やりながらもときどきバックして、そこの部分を前にまた［考える］。［6］でも三日ぐらいそれをやっていると、なんとなくわかってくるんですね。［7］そうか、なるほど、そういうことなのか、と。［8］ページから自然に意味が［浮かび上がってくる］。［9］僕は思うんですが、そういう『じっと睨んでいる』という時間は、一見して無駄なようだけど、すごく自分の身につくという気がするんです。［10］スコアを読むというのも、ひょっとしてそういうところがあるんじゃないのかと、ふと思ったりするんですが。

小澤：［1］そうですね。むずかしいスコアになると、そういうことってわりと［多い］。［2］ただね、えーと、これはまあ職業上の内幕みたいなことになるけど、楽譜には五線しかないんですよ。［3］そしてそこに記された音符自体には、何のむずかしさも［ない］。［4］ただのカタカナ、ひらがなみたいなもんです。［5］ところがそれが重なって

第6章 「ですます」が「である」に替わるとき

くると、話はどんどん［むずかしくなる］。[6] たとえばカタカナ、ひらがな、簡単な漢字くらいは読めても、それが組み合わさって複雑な文面になると、簡単には理解［できなくなってくる］。[7] 何が書いてあるかを理解するためには、それなりの知識が必要になってきますよね。[8] それと同じことなんだけど、その『知識』の部分が、音楽の場合はもう、やけに大きくなってくるわけです。[9] 文章よりも、記される記号が簡単なぶん、音楽って、わからないときには真剣に［わからない］。

　　　　（『小沢征爾さんと、音楽について話をする』2011年）

　翻訳家でもある村上は翻訳をしている箇所がどうしても意味がわからず、時間をかけてわかろうとする自分の苦労の様子を［2］と［5］で話しています。習慣として記憶されている部分を表現するときにウチ形を使っています。[8] では、苦労の結果、急に意味が見えてくることもウチ形で話しています。このようにウチ形を使っているところでは、聞き手はくちばしをはさむ余地はないでしょう。一般的に言うと、人がコミュニケーションの矛先を聞き手ではなく自分に向けてウチ形を使っているときというのは、聞き手にとって発話権を話し手から奪うことは非常に難しいのです。

　それに対して、話し手がソト形を使ってコミュニケーションの矛先を聞き手に向けているときは、聞き手は話し手から比較的自由に発話権を取ることができます。座談会のときに触れたように、ソト向きのときは視線は聞き手に向いているけれど、ウチ向きのときは視線が聞き手に向いて

いない場合が多いのではないかという仮説を立てることができるでしょう。細かい点ですが、村上は発話全体にわたり、聞き手を自分の側に引き込むモダリティ表現の「ノダ」構文を実に8回も使って、小澤に翻訳者としての苦労を訴えている点も指摘しておきます。

他方、小澤は自分が長年の指揮者としての経験に裏付けられたことがらを［1］［3］［5］［6］［9］で、なかば独り言的にウチ形で表現しています。この部分では村上は黙って耳を傾けるしかありません。この対談の場合もコミュニケーションの矛先の違いを英訳で表現するのは縮約形を使って表現することができる場合もありますが、至難のわざだと思います。

6-4 モダリティはウチ形につく

ところで、どの言語にも話し手／書き手が言わんとする伝達の中核内容に関して、「〜だろう」（推測）、「〜はずだ」（論理的判断）、「〜かもしれない」（弱い推測）、「〜らしい」（推論）、「〜つもりだ」（意図）、「〜のだ」（引き込み、引き込まれ）などと、物事の判断や感じ方を示す文末表現があります。これは「モダリティ」と呼ばれています。

これが文末に付くと文末がソト形であれ、ウチ形であれ、モダリティの前にくる述部はウチ形しか使えません。どういうことか、まずは例文を見ていきましょう。

【a】〜だろう
　　彼は来年はケニアに｛行く／＊行きます｝｛だろう／で

第6章 「ですます」が「である」に替わるとき

しょう}。
Probably { he'll / he will } go to Kenya next year.
【b】〜はずだ
　彼女はもう博士号を {取った／＊取りました}{はずだ／はずです}。
By this time she { should've gotten / should have received } her Ph.D.
【c】〜かもしれない
　午後雨が {降る／＊降ります}{かもしれない／かもしれません}。
I guess { it's gonna rain/it is going to rain } this afternoon.
【d】〜らしい
　あの大学は入学が {難しい／＊難しいです}{らしい／らしいです}。
That college { looks like / appears to be } hard to enter.
【e】〜つもりだ
　私は来年 {結婚する／＊結婚します}{つもりだ／つもりです}。
I'll get married next year.
【f】〜のだ
　あなたと {結婚したい／＊したいです}{んだ／のです／んです}。
I { wanna/want to } marry you!

　例文の【a】は文末に推量のモダリティ「だろう」「でしょう」が使われていますが、その直前の動詞「行く」はウチ形しか使えません。だから「行きます」をはじめ、ほ

かのソト形の動詞にはすべて * がついています。ほかの例も見てみましょう。英語では We will を約(つづ)めた we'll とか、I am going to do it を約めた I'm gonna do it のような縮約形がウチ形で、非縮約形がソト形ですが、原則としてそのようなウチ形、ソト形の区別をしません。

モダリティが文末にあれば、その直前の述部がウチ形を取るのはどうしてでしょうか。上の例ではモダリティはそれぞれ、【a】(情報・証拠のない) 推量、【b】(何かが起こる／起こったという) 期待、【c】(根拠の乏しい) 推測、【d】(見たり、聞いたり、読んだりした上での) 推論、【e】意図、あるいは確信、【f】聞き手／読み手を自分の側に引き込むこと、あるいは相手の側に引き込まれること、を表現します。

「述部＋モダリティ」は意味だけではなく音声上も緊密な1つの単位になっていますから、述部自体はウチ形でもソト形でもありません。ウチ形かソト形かは「述部＋モダリティ」全体としてウチ形だったら、たとえば、例文【a】のように、ウチの情況ならウチ形の「行くだろう」に、ソトの情況ならソト形の「行くでしょう」になるのです。

それではモダリティの付いていない文、たとえば、述部が文の途中の名詞節や従属節にはめ込まれた場合はどうなるでしょうか。次の例を見てください。ていねいさの度合いがかなり上がれば、ソト形も可能ですが、普通はウチ形です。なぜなら、従属節自体も主節にはめ込まれた「ウチ構造」なので、そこで使われる述部もウチ形になりやすいのです。下の例文で【a】は連体修飾からなる名詞節(ご本)、【b】【c】はそれぞれ「間」「後」のような名詞的な

接続詞に導かれた副詞節、【d】は「けれど」といった純粋の従属接続詞で導かれた従属節が使われています。なお、【b】の文には「間」だけでなく動詞について仮定を意味する従属節の「たら」もついています。それぞれの文の従属節は［　］で示してあります。日本語とその拙訳と比較するとわかるように英訳では敬語の部分はすべて消えてしまい、原語の敬語の違いはほとんど完全に消えてしまいます。

【a】私は先生がお書きになったご本をいつも読んでおります。
I am always reading the book you wrote.
【b】［私が出張して｛おります／います／いる｝間］に［何か｛ございましたら／ありましたら／あったら｝］、メールでご連絡ください。
If something happens during my business trip please email me.
【c】［山田様がお帰りに｛なりました／なった｝後］で、この事件が起きたのでございます。
This incident occurred after Mr. Yamada came back.
【d】［英語を毎日勉強して｛おります／います／いる｝けれど］、一向に上達しないのですが。
Although I am studying English every day the proficiency level of my English doesn't go up at all.

第7章 受動文の多い日本語、能動文の多い英語

7-1 受動態の声

　日本語には受動態（受動体、受け身文）があります。受動態とは、「話しかける」に対して「話しかけられる」とするような受け身の表現のことです。日本語の場合、「れる」「られる」という助動詞を用いることで表します。

　言語の類型論で著名なアンナ・シェヴィエルスカ（1955～2011）は受動態（受け身形）に関して、373の言語を調べたところ、162（43％）の言語には受動態があったが、残りの211（57％）の言語には受動態がなかったという報告をしています。この小さな調査では、受動態がない言語の方が受動態がある言語よりも多いことが読み取れます。ただし、受動態があっても、その言語での使用頻度が問題になります。英語にも能動態と受動態の区別（たとえば、love と be loved のように）はありますが、日本語のように頻繁に受動態を使うことをしません。英語圏では受動態のような間接表現を嫌う傾向がかなり強いようです。大抵の英語人は自分がアクションの起こし手として自分の声を大事にしている文化だとも言えるでしょう。それに対して大抵の日本語人はアクションの起こし手というより見守り手

であること、つまり受動のメンタリティを大事にする文化でしょう。

なお、能動態のことを英文法では「能動の声」(Active Voice) と言い、受動態のことを「受動の声」(Passive Voice) と言います。それはなぜでしょうか。「声」は人や動物が発する音声です。言語音としての物理的な「声」は隠喩となり、発話者の心の態度を示すことが多いです。驚きの声、歓喜の声、怒りの声、悲しみの声、楽しそうな声、甘い声、優しい声、さらには庶民の声、消費者の声、政治家の声、等々、人々の「意見」なども意味します。

そこで本節では「能動の声」で話したり書いたりするときの「声」と「受動の声」で話したり書いたりするときの「声」はどう違うのかを考えていきます。能動の声はどちらかと言うと、何かを引き起こす「行為者の声」であり、受動の声は、何かがだれか（あるいは何か）に起こってしまったという経験者の驚き、喜び、悲しみなどの声ではないでしょうか。なお、古典語で受動態に用いられる「る」「らる」（見る→見らる）は、「自発」「可能」「尊敬」も表しますが、国語学者の橋本進吉が「自発」（思ふ→思はる）を源に見なしています。受動態を「自分でコントロールできない出来事が自然に出てくる」という「自発」の認知に基づくという指摘は大変重要です。

日本語の受動態の研究は、言語学者ノーム・チョムスキー（1928〜）の登場する以前からも研究されていました。ところが、チョムスキーが『文法の構造』（1957年）を発表すると1960年代からは、その考え方を使った日本語の再分析が始まりました。ここではもう一歩踏み込んで「受

第7章　受動文の多い日本語、能動文の多い英語

動の声」が「能動の声」とどう関わり、どのように表現されるのかの説明をします。少しややこしいかもしれませんが、できるだけわかりやすく説明します。受動文がただの無機質な文法ではなくて、話し手、書き手、あるいは作品の主人公の「声」であることを忘れずに読み進めてください。

中学生のころ英語の受動文を学んだときのことを思い出すと、受動文は能動文（たとえば、John loves Mary）の目的語（ここでは Mary）を主語にして文頭に動かし、主語の行為者（ここでは John）を by John のように動詞のあとに動かし、動詞を "be ＋過去分詞形"（"be loved"）にするという「移動規則」として勉強しました。みなさんもそうだったと思います。今でも中学では同じ方法で英語の受動文を教えているようです。チョムスキーはこのような表層の操作で受動文が出てくるとは考えませんでした。

受動態の作り方

今、2つの情況を考えてみましょう。

1つ目は、主動詞が「盗る」という他動詞の場合です。「スリが僕の財布を盗った」という情況を「僕」の声として受動文にすると、「僕はスリに財布を盗られた」となりますね。

チョムスキーにならえば、

　　僕はスリに財布を盗られた。

は、

S1 [僕は　S2 [スリが僕の財布を tor] –rare-ta]

という構造になります。
　Sというのは Sentence（文）のことで、S2 の「スリが僕の財布を /tor/（toru の語幹）は能動文で、S1 の中にはめ込まれています。
　どんな規則が適用されているのでしょうか。はめ込まれた S2 を見てみましょう。主語の「スリが」を「スリに」に変え、目的語の「僕（の）」は S1 の「僕（は）」と同じですから、省略する規則でカットします。次に動詞ですが、「盗られた」を音で分解して記しています。すなわち、/tor/ ＋ /rare/ ＋ /ta/ は動詞の語幹 /tor/、受動形のマーカーである /rare/、過去時制を表す /ta/ のつながりを示しています。これだと子音の /r/ が2つつながり、日本語としては発音できないので /rare/ の初めの /r/ を省略して、[torareta] に変えます。
　大変大づかみですが、これで「僕はスリに財布を盗られた」という表層の受動文ができあがります。大事な点は能動文から直接受動文を引き出すのではないという点です。受動の声は最初から能動文を抱え込んでいる1つの構文なのです。能動文は事実を客観的に伝える声を表し、受動文は主観的な「感情の声」を表します。「僕」という1人称が使われるときが受動の声は一番強く響きますが、「友人の一雄はスリに財布を盗られた」でも、友人は話し手のウチの人ですから、一雄の身になって同情の声を発しているわけです。日本語の1人称は英語の1人称とは異なり、取

第7章　受動文の多い日本語、能動文の多い英語

り巻きのウチの人を含む「ウチ人称」になれることが多いことは大事な点です。

　2つ目の状況は、主動詞が「死ぬ」という自動詞の場合です。「ガールフレンドが飼っていたかわいい猫が死んだ」という情況を考えてみましょう。「ガールフレンド」の声として受動文にすると、「ガールフレンドは長年飼っていたかわいい猫に死なれた」となります。この文の発話者は同情している「僕」で、もらい泣きをしたかもしれません。この受動文の声は、次のような構造です。矢印の左が深い構造、右が表層の構造です。

　　S1［ガールフレンドは　S2［ガールフレンドが長年飼っていたかわいい猫が shin-］　rare-ta］
　　→ガールフレンドは飼っていたかわいい猫に死なれた。

　矢印の左側の深層構造から矢印の右側の表層の文を出すには、「猫が」を「猫に」と改め、S1の「ガールフレンド（は）」とS2の「ガールフレンド（が）」と同じ名詞なので後者を省略し、「死ぬ」の語幹の /shin/ と /rare/ のままでは発音できないので、/rare/ の初めの /r/ を省略します。これで表層の文が生成されます。

　日本語では「強い悲しみの声」が伝わってきます。英語に訳すと、"A cat which my girlfriend kept for a long time died (on her)" になります。"on her" をつけるとかろうじて日本語の受動の声に近くなりますが、改まった文章では "on her" は使いません。そもそも、日本語の受動文では主動詞として他動詞だけでなく、自動詞がかなり自由に使え

ます。それに対して、英語では主動詞が自動詞のときは、通常、受動形は使えません。たとえば、日本語では「長年飼っていた猫に死なれた」と言えますが、英語では *I was died by a cat I kept for years のように自動詞の die は受動形では使えず、A cat I kept for years has died on me のように能動形で表現します。つまり、英語人は日本語の自動詞による「感情の声」を英語の受動文に翻訳はできないのです。

この2つの例でわかるのは、受動文というのは、しばしば、主語の人間がコントロールできないような事態を表す主語の声、あるいは、それを言わせているナレーターの声なのです。

「自発自動詞」は受動態に使えない

受動文の情況に巻き込まれる主語はいつも人とは限りません。人以外がある情況に巻き込まれる場合もあります。下に示すように、その場合も人が主語の場合と同じように深い意味構造から出てくる文だと考えられます。次の2つの文【a】と【b】の深い意味構造は何か考えてください。

【a】大きな木が強風 {に／で} 根こそぎ倒された。
A big tree got uprooted by strong wind.
【b】この大学は福沢諭吉 {によって／*に} 建てられた。
This university was founded by Yukichi Fukuzawa.

そうです。この2つの受動文の意味構造はそれぞれ a′ と b′ ですね。

第7章 受動文の多い日本語、能動文の多い英語

【a′】 S1 ［大きい木が　S2 ［強風が大きい木を根こそぎ taos-］ rare-ta

【b′】 S1 ［この大学は　S2 ［福沢諭吉がこの大学を tate］ rare-ta

　受動の声が生まれる過程で、S1 の名詞句（【a】の「大きな木」、【b】の「この大学」）と同一の名詞句が S2 にもあるので、その名詞句は省略されます。注意すべきことは、受動文の主語が人（を含む生物）以外の場合の「受動の声」は【a】のような自然現象では木に対する擬人化の心理も働き、「同情の声」を示します。【b】のように人（や他の生物）以外が受動文の主語である場合は、共感の心理は働かず、焦点が「この大学」におかれるだけです。しかも、この場合、行為者は「に」ではなく「によって」でマークされます。5章の2で人間 > 哺乳動物 > 魚類・甲殻類 > 鳥類 > 異界の生き物 > 植物 > 虫類 > 自然現象 > 自然物 > 建造物 > 家具 > 抽象概念、という順序で人間が共感を強く感じる生き物から弱くしか感じない無生物までの階層性を見ましたね。それが受動の声にも必要な概念なのです。

　すでに述べたように、日本語の受動文は何かが自然の成り行きとして成立してしまう情況を話し手が感情を加えて伝える声です。そこには人のアクティブな声は表現されていません。人は偶発的な出来事をコントロールできないのです。何か神秘的で魔術的な意味合いが出来事に隠れているからです。

ところで日本語には「自発性」の意味がすでに入っているような動詞（自発自動詞）があります。自発自動詞は受動文では使えません。これは受動文を考える上でとても大事な点です。例文を見てみましょう。

【a】友人の家まで車で2時間 {かかった／＊かかられた}。
【b】愛用のバイオリンが {こわれた／＊こわれられた}。
【c】車の中に隠れていた犯人は警官に {見つかった／＊見つかられた}。

　例文の＊をみるとわかるとおり、それ自体が自然の声を表している自発自動詞は受け身形をとることはできません。受動文の主動詞として使えない主な自発自動詞（「あいうえお順」）をリストしておきます。自発自動詞に対応する自発を表さない他動詞は（　）の中に入れてあります。

開く（開ける）、現れる（現す）、売れる（売る）、折れる（折る）、かかる（かける）、固まる（固める）、枯れる（枯らす）、変わる（代わる／変える／代える）、消える（消す）、聞こえる（聞く）、切れる（切る）、決まる（決める）、壊れる（壊す）、閉まる（閉める）、育つ（育てる）、倒れる（倒す）、高まる（高める）、助かる（助ける）、伝わる（伝える）、縮む（縮める）、潰れる（潰す）、溶ける（溶かす）、ほどける（ほどく）、治る（治す）、抜ける（抜く）、脱げる（脱ぐ）、始まる（始める）、離れる（離す）、冷える（冷やす）、見える（見る）、見つかる（見つける）、焼ける（焼く）、破れる（破る）、よごれる（よごす）、分かれる（分ける）、割れる

第7章　受動文の多い日本語、能動文の多い英語

（割る）etc.

　ペアの動詞群は aku / akeru、shimaru / shimeru、tasukaru / tasukeru のように、共通する語幹の次に来る母音が替わります。ところが、大事な例外があります。語幹が共通でないのにペアになっている「なる」と「する」のような例です。この2つの動詞はまさに「自発」対「人為」の対立です。次の節で説明しますが、私は「思う」と「考える」という大事な動詞も自発動詞対非自発動詞のペアだと考えるべきだと思います。

英語は、能動の声を選ぶ
　能動態と受動態の関係と受動態の主なところを見てきましたが、話しことばと書きことばの中で能動態と受動態の間の交替はどうなっているかという問題を考えてみましょう。与えられた情況をどう認知するかということで話し手なり書き手は、能動態か、受動態を選びます。2つの間の交替は「声」が違うのだから、この選択は聞き手、読み手にとって非常に重要なことです。

　たとえば、あなたが今朝、公園でよく知っている隣の子が高校生にいじめられているところを見たとしましょう。そのことを妻に話す場合、どう言うでしょうか。次の文の【a】のように能動文で言うか、それとも、【b】のように受動文で言うか、という問題です。あなただったらどちらを選びますか。それはどうしてですか。

　【a】あのね、今朝、<u>高校生</u>がね、隣の子を公園でいじめ

ているところを見たよ。
【b】あのね、今朝見たんだけど、<u>隣の子</u>がね、公園で高校生にいじめられていたよ。

　どちらを選びましたか。【a】文を選んだとしたら、妻は「えっ、高校生が、隣の子を？」と言えるでしょう。もし【b】を選んだとしたら、妻は「えっ！　可哀想に」と言えるでしょう。【a】では「高校生」が前景になっていて、隣の子は後景になっているのに対して、【b】では、ちょうど逆で、「隣の子」が前景になっていて、「高校生」は後景になっています。英語と違って、日本語の傾向としては、主語に自分自身を含め、共感の対象になる人が来ると、「客観的な能動の声」から「主観的な受動の声」に替わります。何を主語にするかには、能動の声にするか、受動の声にするかという話し手の認知の２つが絡んでいます。聞き手の反応も【a】は情意性がそれほど強くないのに対して、【b】では「えっ！　可哀想に」と情意性がぐっと高まります。

　日本語の受動態を選んだ人は【b】を英訳してみてください。実は英語の母語話者は、【a】の客観的な能動の声の方を選ぶことが圧倒的に多く、主観的な受動の声を使う英語人はまずいないようです。

【a】You know what? This morning I saw a high school student was bullying our neighbor's kid in the park.
【b】You know what? This morning I saw our neighbor's kid being bullied in the park by a high school student.

第7章　受動文の多い日本語、能動文の多い英語

　日本文学には受動の声がたくさん出てきますが、英語に翻訳する英語人は受動の声を原則として回避します。
　次の例文【a】と【b】は夏目漱石の『明暗』から、【c】と【d】は村上春樹の『色彩を持たない多崎つくると、彼の巡礼の年』から採ったものです。ここでも原文の受動の声は能動の声のようにしてしまって、原文の受動の声は聞こえません。原文の受動形は［　］の中に入れて、対応する英語の能動形には下線が引いてあります。

【a】いつか兄という厳しい具足を着けて彼女（＝お秀）に対するような気分に［支配され始めた］。
At some point he had begun to <u>view</u> her from inside the formidable armor of the elder bother.

（ジョン・ネーサン訳）

【b】いつもなら何を置いても小さな髷に結った母が一番先へ出て来て、義理ずくめにちやほやしてくれるところを、今日に限って、劈頭にお秀が顔を出したばかりか、待ち設けた老女はそのあとからも現われる様子を一向見せないので、お延はいつもの予期から出てくる自然の調子をまず［はずさせられた］。
Whereas normally Hori's mother would emerge first of all with her hair in a tight bun and make a dutiful fuss over O-Nobu', today for the first time not only was O-Hide there from the beginning, but the old lady she was eagerly awaiting showed no sign of appearing at all, a deviation that <u>up-</u>

<u>set</u> her timing. （同上）

【c】多崎つくるがそれほど強く死に［引き寄せられる］ようになったきっかけははっきりしている。彼はそれまで長く親密に交際していた四人の友人たちからある日、我々はみんなもうお前とは顔を合わせたくないし、口をききたくもないと［告げられた］。きっぱりと、妥協の余地もなく唐突に。

The reason why death <u>had such a hold on</u> Tsukuru Tazaki was clear. One day his four closest friends, the friends he'd known for a long time, <u>announced</u> that they did not want to see him, or talk with him, ever again. It was a sudden, decisive declaration, with no room for compromise.

（フィリップ・ガブリエル訳）

【d】プールから帰って、半時間ほど昼寝をした。夢のない、意識をきっぱり［遮断された］ような濃密な眠りだった。

He came home from the pool and took a thirty-minute nap. It was a deep, dreamless sleep, his consciousness <u>switching off</u> as soon as his head hit the pillow. （同上）

これらの4つの文章はサンプルにすぎませんが、そこに出ている日本語の受動の声は英訳では見事にかき消されています。しかし、大事な点は、日本語の文芸作品は優れた多くの翻訳家によって英語に訳され、それによって日本の文芸を英語が読める数多くの人々が興味を持って読んでくれているということです。みなさんもそうだと思いますが、

私も世界の文学を翻訳で読み、忘れられない文芸作品に接することができました。しかしながら、原語のもつユニークな眼差しのほとんどは翻訳では見えなくなり、その控え目な眼差しは消え失せてしまうことも知っておく必要があるでしょう。受動の声が英訳で消えてしまうことは多くの英語人が歯に衣を着せないでストレートなコミュニケーションを好む傾向が強いことと結びついていると言っていいでしょう。

7-2 自発態の声

「我思う、ゆえに我あり」ということばがありますね。このことばはフランスの哲学者ルネ・デカルトが1637年にフランス語で書いた『方法叙説』(三宅徳嘉、小池健男・訳。1991年)で使われている有名な命題 (Je pense donc Je suis) です。デカルトは初めはフランス語で書き、あとで Cogito ergo sum というラテン語に直しています。「我思う、ゆえに我あり」はその文語訳です。

　フランス語版とラテン語版の大きな違いは前者では主語が je (私) と明示されているのに、ラテン語では1人称は動詞の活用形に含まれていて明示されていない点です。

　フランス語の英訳版では "I think, therefore I exist" になり、日本語版は英訳の think と同じように「私は考える、だから私は存在する」とすべきです。「思う」は主観的な感情を表す自動詞で、「考える」は客観的な理性的な考えを表す他動詞です。どのようにして自動詞か他動詞かを決められるかというと、他動詞は「読んである」「書いてあ

る」「話してある」のように「〜てある」という何かを誰かがやってその結果が残っていることを示す助動詞表現として使われます。一方感情を表す自動詞は、次の*がついた例が示すように、助動詞表現の「〜{て／で}ある」と使うことはできません。

　*喜んである、*悲しんである、*悩んである、*苦しんである、*恐れてある、*妬んである、*慈しんである、*痛がってある、*欲しがってある、*〜たがってある、*思ってある、etc.

　さらに大事な点は、「を」は動詞の直接目的語として使われますが、感情を表す「を」は感情を表す動詞と次のように使われています。

【a】先生のご回復を大変喜んでおります。
【b】彼女は父親の死をとても悲しんでいる。
【c】日本にいるトムは地震を恐れている。
【d】自分の才能のなさを苦しむ人は多い。
【e】別れた女性のことを思わない日はない。

「自発」ということばは文語文法を勉強したときに聞いたことばでしょう。そのときに山上憶良が中国視察旅行のときに子を思って作った万葉集（巻5）の次の長歌を勉強したはずです。

　　瓜食（は）めば子ども思ほゆ、栗食めばまして偲（しぬ）はゆ。何処より来たりしものぞ。眼交（まなかひ）にもとな懸かりて、安眠（やすい）し寝さぬ。
　　　　　　　　　　　　　　　　　　（下線、句読点は筆者）

第7章　受動文の多い日本語、能動文の多い英語

瓜を食べると子供のことが<u>思われる</u>。栗を食べるとなおいっそう（子供のことが）<u>偲ばれる</u>。一体子供はどこから来たのだろうか。眼の先にちらついて安眠できない。（拙訳）

When I eat melons / My children <u>come to my mind</u>; /
When I eat chestnuts / <u>The longing is even worse</u>. /
Where do they come from, / Flickering before my eyes. /
Making me helpless / Endlessly night after night. / Not letting me sleep in peace?

（エドウィン・クランストン訳）

この歌の「思ほゆ」は「思ふ」に自発の助動詞の「ゆ」が付いた形です。現代語の「思われる」は自発と受動の両方に使えます。それに対して、古語の「思ほゆ」は自発としてしか使えません。動詞の「思ふ」はいろいろな情念をうちに秘めておもてに出さないというのが原義なのです。『岩波古語辞典』の「思ひ」の項目には「胸のうちに、心配・恨み・執念・望み・恋・予想などを抱いて、おもてに出さず、じっとたくわえている意が原義。」とあります。最後の「おもてに出さず、じっとたくわえる」は感情をコントロールしていることを意味します。しかし、感情自体は自然に外から心に入って来るものであり、それはコントロールできません。

　ここで、日本文学の中の自発がどのように翻訳されてきたかをもう少し見てみましょう。まず、すでに取り上げた万葉集の歌とリービ英雄の現代日本語訳と英訳とを『英語

でよむ万葉集』(2004年) から3つ選んで検討します。英訳も現代語訳もリービの訳です。

【a】 天の海に　雲の波立ち　月の船　星の林に　漕ぎ隠る見ゆ

（柿本人麻呂、巻7）

天の海に雲の波が立ち、月の船が星の林に漕いで隠れていくのが見える。

On the sea of heaven / the waves of clouds rise, / and I can see / the moon ship Disappearing / as it is rowed into the forest of stars.

【b】 春の日に　張れる柳を　取り持ちて　見れば都の大路思ほゆ

（大伴家持、巻19）

春の日に、ふくらむ柳の枝を折って手に取って見ると、都の大路が思われる。

As I break off and admire / a branch of the willow / swelling large on a spring day, / my mind turns / to the broad avenues of the capital.

【c】 淡海の海　夕波千鳥　汝が鳴けば　心もしのに　古思ほゆ

（柿本人麻呂、巻3）

近江の海、夕波千鳥よ、おまえが鳴くと心も萎えて、古がしのばれる。

Plover skimming evening waves / on the Omi Sea, / when

you cry / so my <u>heart trails</u> / pliantly/ down to the past.

　【a】の「見ゆ」は現代語訳で「見える」となっているように、主語は人麻呂ではなく、「月の船」が自然に彼の目に入ってくるという表現です。"I can see"と英訳すると、「見ようとして見えた」というニュアンスがあり、原語の「見ゆ」とはずれてきます。【b】と【c】の、それぞれ、"my mind turns to the broad avenues of the capital"と"my heart trails pliantly down to the past"は、単語数は多いですが、原語の「思ほゆ」の自発体が非常に巧みに英語に移し替えられています。

英語の自発動詞
　現代小説に移りましょう。まず知っておく必要があるのは、自発は日本語だけではないということです。「思われる」は現代語でも日本語の典型的な自発形です。しかし、これは普通 "seem" とか "appear" を使って英訳されて、ほぼ日本語と等価の意味を伝えることができます。「思われる」だけでなく、それ以外の自発表現がどのように訳されているかを探るために倉橋由美子の短編小説「長い夢路」(『倉橋由美子全作品６』1976年) の原作と Atsuko Sakaki (榊敦子) の翻訳 (*The Woman with the Flying Head* in "AND OTHER STORIES") を比べながら、日本語の自発表現の意味が失われずに翻訳されているかを検討してみます。下線の部分が原文とそれに対応する英訳の自発態の表現です。「思われる」だけでなく【a】の「気づく」、【b】の「感じ取る」「肩をこわばらせる」「頭にうかぶ」、【c】の「気後

れする」「恥じる」もすべて自発動詞です。

【a】畳のうえを踏んで歩いたときの違和感で、まり子は長いあいだ靴でむれていた足のことに気づいた。アメリカからはいたままのナイロンのストッキングは、脚をおおう埃の膜のように思われた。
A strange feeling as she trod across the straw matting drew Mariko's attention to her feet, which were feeling stuffy from wearing shoes for a long time. The nylon stockings she had worn all the way from the U.S. seemed like a tissue of dust veiling her feet.

【b】まり子は母のことばに残忍さを超えた恐しい意志を感じとって肩をこわばらせた。鬼女ということばが頭にうかんだ。
Mariko sensed the frightening, more than cruel intent behind her mother's words, and her shoulders stiffened. The word witch floated again through her mind.

【c】politess とか grâce といったことばに気がついたのもそのときで、あとになってまり子は自分が気後れしていたことを認め、そのとき化粧をしていなかったことを恥じた。
That was when she had first given any attention to the terms *politess* and *grâce*. Afterward, Mariko recognized that she had felt daunted and was embrassed that she had not worn makeup.

第7章　受動文の多い日本語、能動文の多い英語

　文【a】の「思われる」が自発態であることは別として、「気がつく」は「気をつける」の自発形であり、訳者は気がついたものを主語にして"the straw matting drew Mariko's attention"という自発態に翻訳しています。【b】には3つの自発態が出ていますが、「感じる」は英語の"sense"と同様自発形です。「(肩を)こわばらせる」はどうして自発態と言えるのでしょうか。普通「させる」は「人に何かをさせる」ときに使う使役の助動詞です。しかし、「まり子は肩をこわばらせた」では「まり子」が主語の位置にあっても、彼女が意識的にそうしたのではありません。もし「こわばらせた」がまり子を行為者とした人為的行為だったら、「こわばらせてある」が可能なはずですが言えませんね。では、「こわばらせた」と「こわばる」はどう違うのでしょうか。

「(肩、顔、表情)がこわばった」という時は自発による非言語伝達行動であり、人為性は感じられませんが、「(肩、顔、表情)をこわばらせた」と言えば、主語の人のコントロールが多少できますね。どちらかと言えば自発の表現だということになります。英訳では"her shoulders stiffened"と、自発動詞になっていて、このあたりの微妙な日本語の自発表現が見事に英訳されています。「(頭に)うかぶ」も"floated"と、英語の自発動詞で訳されています。

　【c】の「気がつく」「気後れする」「恥じる」はすべて自発態です。翻訳者は最初の「気がつく」は能動態で訳していますが、あとの2つはそれぞれ"felt daunted"、"was embarrassed"と、自発態に翻訳されています。

　以上、いろいろと自発態も、受動態と同じように、人為

的なコントロールを越えた「自然の声」を表現していることがわかります。この声が、上例のように、英語にもそのまま移し替えることができる場合があることは知っておくべきでしょう。

日本語のように自発態優位の言語から英語のように人為態優位の言語に翻訳するときは、不具合が起きやすいことも事実です。究極には、認知言語学者の池上嘉彦が洞察した通り、日本語は「する」に代表される人為動詞よりも「なる」に代表される自発動詞を好む言語・文化で、英語は「なる」よりも「する」を好む言語・文化ということになるでしょう。ただし、その差を白黒で峻別することは避けるべきでしょう。さらに言えることは自発態は受動態と同じように自然の声であって人為の声ではないということです。そしておそらく英語だけではなくどの言語にも自然が声を発する余地があり、その部分は古代人の精霊信仰ともいうべきアニミズムに遡れるのではないかと思われます。

7-3　可能形の声

英語の可能形は普通 "can" に動詞の現在形をつけるだけのことですね。"can" はもともとはインド・ヨーロッパ語の "gno-" で、英語の "know" に近い動詞から来ています。フランス語で「できる」は、"知る（savoire）＋動詞の辞書形" です。つまり、積極的に「知る」という動詞が底辺にあるのです。一方、日本語の可能動詞の「できる」は何かをする能力が「自然に出て来る」という意味です。そこ

第7章　受動文の多い日本語、能動文の多い英語

が決定的に英語と日本語が違うところです。このことをまず頭に入れておいてください。

さて、ここで日本語の可能形が受動形と大変近い形を持っていることを考えたいと思います。そこに入る前にまず、次の日本語の短い文を2つ英語に訳してみてください。この2つの文はどちらも可能表現ですが、可能形の前にくる助詞（下線部の「が」と「を」）だけが違います。この2つは意味が同じなのか、それとも違うのか。もし同じならどうして使える助詞が2つもあるのかを考えてみましょう。そして、意味が違うのならどこが違うのかを考えてから、英訳をしてください。

【a】トムは日本語が話せます。
【b】トムは日本語を話せます。

どうですか、英訳はもとの日本語の原文が同じ意味かどうかに関係なく、"Tom can speak Japanese" になりませんか。ただし、あまり会話で使われない "Tom is able to speak Japanese" は傍に置いておきます。英訳は【a】【b】どちらを英語にしても同じになってしまいますね。私は元の日本語では【a】と【b】は意味が違うと考えています。形が違えば意味が違うという公理に沿って【a】と【b】の違いを探って行きましょう。

日本語では古典日本語も現代日本語も、可能形は「できる」だけではなく、上例の「話せる」とか、「読める」「書ける」「泳げる」のように「何かをすることが可能だ」という意味を伝える動詞の形があります。すでに説明をした

ように、人間の意志で実現するのではなく自然に何かができてしまうとき、この現象・作用を「自発」と言いますが、受動形と同じように、可能形も「自発の声」だと思います。「可能形」は自分が手を下さないのに自然に何かが起こる受動態と非常に近いのです。しかも、受動形の意味を表す /rare/ が、"tabe-*rare*-ru"、"ake-*rare*-ru" のように可能形にも使えます。

　動詞の語幹に注目してみましょう。下の例で、[　]の中は動詞の語幹です。語幹が母音で終わるのが【a】～【c】で、子音で終わるのが【d】～【f】です。

【a】[tabe] - *rare* - ru → tabe-rare-ru → tabe-re-ru（食べ{られ／れ}る）

【b】[mi] - *rare* - ru → mi-rare-ru → mi-re-ru（見{られ／れ}る）

【c】[ne] - *rare* - ru → ne-rare-ru → ne-re-ru（寝{られ／れ}る）

【d】[yom] - *re* - ru → yom-eru（読める）

【e】[hanas] - *re* - ru → hanas-eru（話せる）

【f】[kaw] - *re* - ru → kaw-eru → kaeru（買える）

　【a】～【c】は可能形が「～られ-る（rare-{ru}）」と「～れ-る（re-{ru}）」の2つがあります。/rare/ はソト向きに使われる形で、/re/ はウチ向きに /rare/ の /ra/ を省略した形なので、「ら抜き言葉」と呼ばれています。話し言葉で使われる形で、この2つは目下共存しています。【a】～【c】の /rare/ は受動形とまぎらわしいから、やが

てはなくなるでしょう。可能形が受動形と同形なのは、どちらも「自然の声」を表現しているからです。なお、【d】〜【f】のように語幹が子音で終わる場合は、まず受動形の /rare/ から /ra/ が落ちて /re/ になり、さらに /yom/ と /re/ のままでは読めないので、/r/ が脱落しています。

「が-可能形」と「を-可能形」

　助詞の「が」が使われている可能形を「が-可能形」と呼び、「を」が使われている可能形を「を-可能形」と呼びましょう。2つの可能形があるのは「食べる」のような目的語をもつ他動詞の場合だけで、自動詞の場合は「が-可能形」しかありません。この点についてはあとで説明を加えます。もう一度最初に挙げた「日本語 {が／を} 話せる」の例に戻ります。「が-可能形」と「を-可能形」はどちらも「ジョンには日本語を読む能力がある」という意味ですが、もし意味に違いがなければ、どうして異なる助詞を使っているのでしょうか。

　今、上の文の動詞の直前に副詞の「自然に」を入れてグーグルで検索すると「〜が自然に話せる」と「〜を自然に話せる」のヒット件数が、それぞれ、936,000件と326,000件でした。つまり、「が-可能形」は「を-可能形」の2.87倍もあります。もし検索項目から「自然に」を取ってしまうと、「が-可能形」は1,060,000件、「を-可能形」は978,000件で、両者はかなり拮抗します。

　では「自然に」という副詞句を挿入するとどうして「が-可能形」の方が頻度が3倍近くなるのかという疑問が出てきます。それは「〜が話せる」はもともと「自発」の意

味(「自然の声」)があるからではないかと考えられます。副詞の「自然に」によって「が-可能形」の方がますます自発的な意味解釈が付加されるのではないでしょうか。つまり、人の行動を自然現象のように認知する場合は「が-可能形」であるのに対して、人の行動をどちらかと言うと人為的な行動と見る場合が「を-可能形」ではないだろうかと考えます。

「～が自然に話せる」の実例をインターネット上で探してみると次のような例が出てきます。

【a】英米文学科を出ると英語が<u>自然に話せる</u>ようになりますか。
Can you reach the point where you can speak natural English if you graduate from the Department of British or Amercan Literature?

【b】ルクセンブルクという多くのことばが話されている国にいる赤ちゃんは、英語、フランス語、ドイツ語、ルクセンブルク語が<u>自然に話せる</u>ようになります。
A baby who finds himself in a country like Luxenburg where many languages are beging spoken he will reach the point where he can speak English, French, German, and Luxenburg very naturally.

【c】社長やスタッフの方が温かかったので、自分の本音が<u>自然に話せる</u>。
Because the President of my company and its staffs are

第7章　受動文の多い日本語、能動文の多い英語

warm hearted people I can tell what I truly want to say.

　他にも「〜がぱっと解ける」は「〜をぱっと解ける」の16倍、「〜がすらすら読める」は「〜をすらすら読める」の3.2倍、「〜が次から次へと書ける」は「〜を次から次へと書ける」の2.9倍、のようになっています。こうして見てくると、やはり、「が-可能形」は「を-可能形」より自発性の副詞句と共起しやすいという意味上の特徴をもっていると言えるでしょう。人はつきあう相手を見るとその人の性格がわかると言いますが、文法形式も相性を調べることによってその性格がわかるのです。

　グーグルで検索した次の3つの例文でどうして書き手が「を-可能形」、「が-可能形」を選択したか、そしてその違いが英語に翻訳できるかを考えてみましょう。

> 【a】研究者にとっては、この科学の成果を使う基本的な力であることに加えて、英語の論文を読めることは研究に必須の要件でもある。（中略）英語の論文が読めないと、自分の研究を進めるのに必要な情報を必要なときに得ることができず、自分の研究を自分の事業として進めることがむずかしくなる。
> 　（http://kasuya.ecology1.org/readeng01.html）
> It is a requirement for researchers that they can read English research papers in addition to the fundamental ability that they can use scientific results. (...) If they can't read English research papers they cannot gather necessary information to keep working on their own research and it

will become difficult to continue on their research as their own undertaking.

【b】人が定住している場所で一番早く初日の出<u>を見られる</u>場所は、小笠原の母島だと思われます。
　　　　　　　　　　　　　　（国立天文台メールニュース）
I think the location where you can see the first sunrise earliest in an inhabited island is Haha Island in Ogasawara.

【c】太平洋側は冬晴れの年越しとなり、初日の出<u>が見られる</u>場所が多くなりそうです。
　　　　　　　　　　　　　（『朝日新聞』2012年12月24日付）
On the Pacific Ocean side it will become a fine winter day on New Year's Eve, And it looks like there will be many places where you can see the first sunrise.

　【a】では「～を読める」があとで「～が読める」に交替しています。最初の可能形は英語の論文がすらすら読めるという意味ではなく、「を」を使うことで、研究者の努力を表現しているのに対して、2つ目の可能形は「が」に交替しています。このような交替を起こさせたものは何でしょうか。自然さを基本とした条件接続詞の「と」と調和させるため、自発性の意味をもつ「が-可能形」を使っているのだと考えられます。このような微妙な意味の交替を英訳で示すことはできません。
　【b】と【c】はいずれも初日の出を見る場所としてどこ

がいいかが話題になっています。【b】では国立天文台の人が計算して割り出した客観的な、そして「自発的」ではなく「人為的」なデータをもとにして日の出が見られる場所を割り出しているという状況なので「を-可能形」を使い、【c】では運良く晴れだから太平洋岸は初日の出が見られる場所が多いだろう、という、まさに「自然の声」で、そこには「自発性」が表現されています。だから「が-可能形」が使われていると言えるでしょう。私の説明の仕方は白黒を明白にし過ぎている嫌いがありますが、「自発性」の高い方が「が-可能形」になる傾向が強いと言うことはできると思います。

今までの説明で「が-可能形」と「を-可能形」の選択は脈絡次第で微妙に交替するし、書き手が選択しなかった近似表現との微妙な認知の差があることがわかったと思います。可能形の声は自然の声ですが、厳密にはそうではなく、その中にグラデーション（連続性）があり、「が-可能形」の方が「を-可能形」より自発性が高く、「自然の声」を伝える可能形だと言っていいでしょう。言い換えると、「を-可能形」は人為性があり、英語の可能形に比較的近いので翻訳は可能ですが、「が-可能形」は自然性が高く翻訳ではその自然性は消えてしまうと言えるでしょう。

自然に、偶然、無造作に

ところでみなさんは夏目漱石の『夢十夜』（1907）を読んだことがありますか。その中の第六夜の話で、「自分」という漱石自身らしい人物が他の見物人といっしょに運慶が護国寺の仁王像の木造彫刻を彫っているのを見ながら、

「よくああ無造作に鑿を使って、思うような眉や鼻ができるものだな」
"It's amazing how he can at will create eyebrows and a nose when he wields his chisel in such a casual manner."
（アイコ・イトーとグレーム・ウィルソン訳 "Ten Nights of Dream"）

と感心して独り言のように言います。この箇所の英訳をみると、やはり can が使われていますね。それに対して、そこにいた一人の若者がこう言ったのです。

「なに、あれは眉や鼻を鑿で作るんじゃない。あの通りの眉や鼻が木の中に埋っているのを、鑿と槌の力で掘り出すまでだ。まるで土の中から石を掘り出すようなものだからけっして間違うはずはない」
"Ah, you just don't understand. He isn't making eyebrows and noses with his chisel. What he's really doing is excavating with the help of mallet and chisel those nose and eyebrow shapes that lie buried in the wood". （同上）

上記の可能形は「できる」ですが、注意したいのは、文頭の副詞「よくああ無造作に」です。本節の冒頭でも言いましたが、「できる」はもともとは「自然に何かが出て来る」という意味をもつ可能形です。能力は自然に顕現するという意味です。英訳では若者が言ったことばは、運慶が彫っている仁王像は木の中にすでに存在していて、彼はご

第7章 受動文の多い日本語、能動文の多い英語

く自然に発見しているに過ぎないと言っているのです。漱石は人の能力は創造ではない、前からあったものを偶然発見するに過ぎないと喝破しているわけで、この第6話で漱石は人間、それも天才の能力がいかに自然かを衝いていると思います。英語では可能形はあくまでも人為を志向しているので英語人が上記の運慶の話を英訳で読んだときに、物語の若者はまさに夢みたいなことを言っているな、という印象しか得られないでしょう。英語のcanを聞くとアメリカのオバマ大統領が選挙演説でYes, we can!!と繰り返し叫んでいた声が今でも響いてきます。人為礼賛の叫びです。

第8章　翻訳に見る「日本語」の文体

8-1　繰り返しと翻訳

まず初めに、俵万智の次の現代語短歌を英訳してみてください。

「寒いね」と話しかければ「寒いね」と答える人のいるあたたかさ

(『サラダ記念日』1987年)

世の中には「寒いね」と言っても「寒いね」と答えてくれない人もいますね。上の短歌では一人が「寒いね」と言ったときにそう言われた人が答えています。繰り返すことによって人と人のつながりが保たれ、気温の暖かさではなく気持ちの温度計が暖かさを感じることがあります。

さあ、あなたの英訳と下の英訳と比べてください。この短歌の英訳は色々あります。次のはその1例です。だれが翻訳するにしても、2度目の「寒いね」を省略するわけにはいきませんね。その理由は、この短歌では「寒いね」を繰り返すことによって起きる人と人との温かなコミュニケーションを表しているからです。

"Cold out, isn't it"
You say. and get an answer,
"Yes, it sure is cold."
How warm it makes you feel that someone's there to answer.

(J・スタム訳)

　上の短歌の原語と英訳だけを比べてみると、繰り返しは日英語でいつも同じように使われると考えてしまうかもしれません。しかし、これから見ていくように、そう単純ではありません。

「省略」と「反復」について、それが翻訳で消えるのか、残るのかを考えてみましょう。省略と反復は文法上の問題でもあるし、修辞の問題でもあります。本章ではことばの省略と反復についてだけ見て行きますが、実は非言語文化の世界でも省略か反復かがおおきな問題になります。たとえば、画家は風景をすべて描くのではなく、自分の判断で省いているし、同時に描く対象によっては繰り返しが見られます。洋服の模様は何度も同じ模様が繰り返されてできているし、音楽はリズムを作るために、同じメロディーを繰り返しています。

　では、次の金子みすゞの詩はどうでしょうか。これは反復がリフレーンとなって出てきていますね。この詩の中のリズム感を作っているのはリフレーン以外にありますか。これも英訳をしてみてください。括弧内の数字はその行の拍の数です。

第 8 章　翻訳に見る「日本語」の文体

<u>私は不思議でたまらない</u>、（8－5）
黒い雲からふる雨が、（7－5）
銀にひかっていることが。（7－5）

<u>私は不思議でたまらない</u>、（8－5）
青い桑の葉たべている、（7－5）
蚕が白くなることが。（7－5）

<u>私は不思議でたまらない</u>、（8－5）
だれもいじらぬ夕顔が、（7－5）
ひとりでぱらりと開くのが。（8－5）

<u>私は不思議でたまらない</u>、（8－5）
誰にきいても笑ってて、（7－5）
あたりまえだ、ということが。（7－5）

<u>It's strange</u> how shiny silver raindrops fall from black clouds.
<u>It's strange</u> how silkworms turn white when they eat green mulberry leaves.
<u>It's strange</u> how moon flowers open at dusk without a poke from anyone.
<u>It's strange</u> why people I ask laugh whoever I ask just laugh and say "Nothing strange in that"

（*TranRadar* Blog 所載の訳）

この詩の翻訳でリフレーンの反復のリズム効果は日英語で同じだと言っていいでしょう。しかし、原詩で繰り返し出てくる各スタンザの拍は（第3スタンザの8－5、7－5、8－5以外は）8－5、7－5、7－5となっていて、童謡にもなっているこの詩のリズム感を創っています。このリズム感は英訳では消えてしまっています。英語でも歌える童謡にしたければ、頭韻や脚韻を使ってリズムを創ることが必要になります。

　それではテレビドラマの中の会話ではどのような繰り返しがあるかを見ていきます。次の例はNHKのテレビドラマ『我が美わしの友』（1975年）からのものです。この箇所では桑太郎というおじいさんが占い師に運勢を見てもらいに来ています。「七十六」がどうして繰り返されているのかを考えながら、英語に訳してください。

（桑太郎という老人が街角の占い師と話している場面）
占い師：おじいさん、いくつ？
桑太郎：<u>七十六</u>。
占い師：<u>七十六</u>、ううん。それでどういう相談事が？

みなさんの翻訳は下の拙訳と同じだろうと思います。

Fortune teller: How old are you, gran'pa?
Kuwataro: <u>Seventy six</u>.
Fortune teller: <u>Seventy six</u>. And what do you wanna talk ask me about?

第8章 翻訳に見る「日本語」の文体

　占い師が「七十六」を繰り返した理由は76歳の老人が将来を占ってもらいに来たことへの驚きを表現しています。それと同時に、76歳で本当に占い師に話したいことがあるのかという確認も表現しています。まるでカトリックの神父に懺悔をする信者のような関係が占い師と桑太郎との間にできあがっています。反復の生み出す意味合いを探るのはなかなか複雑です。

「冗長」はマイナスか、プラスか

　さて、私がそもそも繰り返しにどうして興味を持ったかと言うと、言語学者の久野暲がその著『談話の文法』(1978年) の中で「反復」と対蹠的な「省略」を実に鮮やかに分析したからです。その中で久野はこう言っています。

> <u>省略の主目的は、言わなくても聞き手にとって自明のインフォーメイションを省くことによって、文の冗長度を下げることであろう。</u>同じことを逆から言えば、聞き手にとって自明でないインフォーメイションは、省略することができない。どういうインフォーメイションが自明であるかと言えば、それは、文脈から復元できる様なインフォーメイションであろう。　　　　　　　　（下線は筆者）

　たしかに省略は「冗長度」を下げる機能があります。この点に関して、言語哲学者のポール・グライスはその著『ことばをどう使うか』(1989年) で、会話における「協調の原理」、つまり人が会話で聞き手と協調してコミュニケーションをするための原則を立てています。その中に省略

と反復がからむ次の2点が入っています。「情報は今進行中の会話に必要なものだけを与えよ」と「不必要な冗長さは避けて、できるだけ簡潔に話せ」です。

久野の省略論はグライスの協調原理とは別に、談話分析としてなされていますが、この2つをつき合わせてみると「冗長度」を下げた方がいいという点で久野とグライスの考えが一致していることがわかります。たしかに不必要なレベルの冗長度というのは問題になるでしょう。しかし、冗長度というのは常にマイナスなのか、プラス・イメージの冗長度もあるのではないか、繰り返しの多い発話はいつも反強調的なコミュニケーションになるのか、文法の中での反復はどれもこれも義務的に省略されなければならないのか、とさまざまな疑問が出てきます。省略だけ論じても反復を論じないと不十分ではないか、この疑問に答えていくのが本章の目的になります。

劇作家兼演出家の平田オリザは自分の口語演劇のことばは「冗長率」を高めることを基本としていると言っています。彼は著書『わかりあえないことから』のなかで、拙著『くりかえしの文法』(1980年)に触れて「冗長率」(筆者の用語では冗長度)をポジティヴにとらえる契機になったと書いています。

平田は「冗長率」を「一つの段落、一つの文章に、どれくらい意味伝達とは関係のない無駄な言葉が含まれているかを、数値で表したものだ」と定義しています。

とりわけ親しい者同士のウチ向きの「会話」では既知事項が多いので、その部分は省略されがちです。しかし、知らないもの同士のソト向きの「対話」では、十分意を尽く

して相手と話すわけですから、どうしても反復が必要になります。平田は「会話」と「対話」を次のように定義しています。

「会話」＝価値観や生活習慣なども近い親しい者同士のおしゃべり。
「対話」＝あまり親しくない人同士の価値観や情報の交換。あるいは親しい同士でも、価値観が異なるときに起こるその摺りあわせなど。

ここまででわかったことは、反復には話しことば・書きことばによるコミュニケーションに関わる人々をつなぐ力があるということです。反復は往々にして否定的な「くどさ」と結びつくこともあるけれど、人と人とを新しく結びつけたり、すでに知っている者同士をより深く結びつけたりします。次節では翻訳との関係も視野に入れて、より深く考えていきたいと思います。

8-2　省くか、繰り返すか、それが問題だ

省略が随意の場合、省略をしなければ、反復になります。逆に反復が随意の場合は、反復をしなければ省略になります。省略には義務的な場合もあるし、反復にも本章の冒頭に挙げた俵万智の「寒いね」の口語短歌のように文脈によっては義務的な場合もあります。「そうだね」と、部分的に繰り返して言うこともできますが、同じ言葉を繰り返した方が、人のつながりは強くなります。

ここで、省略が随意になる「穴あけ規則」という、耳慣れない規則を1つ取り上げて省略と反復が表現上どう違うのかを考えることにします。「穴あけ規則」とは、1つの文の中に同じ動詞が2度出てくる場合に、日本語では最初の動詞が省略され、英語では最後の動詞が省略される規則です。まず、次の例を見てください。

【a】太郎はすしを<u>食べ</u>、次郎はうなぎを食べた。
　　　Taro ate *sushi* and Jiro <u>ate</u> *unagi*.

【b】太郎はすしを、次郎はうなぎを食べた。
　　　Taro ate *sushi* and Jiro *unagi*.
　　　（下線は、その動詞が【b】で省略されることを表す）

　【a】では文の前半の「食べる」という動詞が後半で「食べた」で繰り返されていますが、決して悪い文ではありません。この文に随意の「穴あけ規則」を適用すると、【b】のように先行の動詞「食べ」が省略された文になります。それでは、随意の規則を適用しない【a】と適用した【b】の違いは何でしょうか。ことばを変えると、【a】の反復文と【b】の省略文の違いは何でしょうか。
　ちょっとわかりにくいので、実際に私が行った日本語の文章実験で母語話者が書いたシンデレラ物語を読んでみましょう。

　　そして老婆が手にした杖を一ふりすると、あら不思議、彼女のうすよごれたフクは目もさめるばかりの美しいドレス

第8章 翻訳に見る「日本語」の文体

に、すりへった口のあいた靴はみごとなガラスのハイヒールに、そして台所のカボチャは何とおとぎの国のような二頭だての馬車に<u>変わって</u>しまいました。

(省略版。「フク」は原文ママ)

そして老婆が手にした杖を一ふりすると、あら不思議、彼女のうすよごれたフクは目もさめるばかりの美しいドレスに<u>変わり</u>、すりへった口のあいた靴はみごとなガラスのハイヒールに<u>変わり</u>、そして台所のカボチャは何とおとぎの国のような二頭だての馬車に<u>変わって</u>しまいました。

(反復版)

省略版では先行動詞の「変わり」が省略されており、私が書き直した反復版では「変わり」が2度繰り返されていますね。あなたなら、どちらをどういう理由で選びますか。そして、言語との表現の仕方の違いを考えながら、英語に翻訳をしてみましょう。

反復はアナログ、省略はデジタル

シンデレラのこの場面をイメージしてください。省略と反復とどちらの方が視覚的だと思いますか。動詞の「変わる」は省略版の例文のように省略できますが、映画のシーンだったら動作を表す動詞の部分だけを省略するわけにはいきませんね。もしあなたが母親／父親で、この話を絵本を使って寝る前の子供に読んで聞かせるとしたら、省略のある絵本を選ぶでしょうか、それとも反復のある絵本を選ぶでしょうか。私だったら、反復版を選びます。その理由

は魔法使いがシンデレラにしてくれた親切な行為を子供は動詞の反復でより強く映像的に印象づけられると思うからです。反復はアナログ的で「自然」であるのに対して、省略はデジタル的で、「人為的」だと言えるでしょう。

上の省略文を英訳してみるとどうなりますか。次の英訳のようになりますね。

When an old gran'ma swunged her cane, lo and behold, her dingy dress changed into a dress of stunning beauty, a pair of shoes with broken holes into a pair of high-heeled glass shoes and pumpkins in the kitchen into a two-horse carriage like in the land of a fairy tale. （省略版。拙訳）

日本語の省略版は動詞の省略がはじめに来るので、英語版より日本語版の方がスリルがあります。このスリルの違いは語順の違いから来るので、日本語のスリル感覚を英語に移し替えることは土台無理です。反復版の翻訳は下のようになり、とりわけ問題は出てきません。ただ、日本語と同じように、子供に絵本を読んで聞かすときは日英語とも親はアナログ思考を支える反復版を選ばれることが多いでしょう。

When an old gran'ma swunged her cane, lo and behold, her dingy dress changed into a dress of stunning beauty, a pair of shoes with broken holes changed into a pair of high-heeled glass shoes and pumpkins in the kitchen changed into a two-horse carriage like in the land of a

第 8 章 翻訳に見る「日本語」の文体

fairy tale. 　　　　　　　　　　　　　　（翻訳版。拙訳）

　これから、さらに詳しく反復の機能を見ていきます。その出発点として、一番基本にあるのは話し手、書き手がそれぞれ、聞き手、読み手との「相互作用」に興味があり、選択が随意であれば、省略ではなく、反復を選択するのではないか、という仮説を立てます。

　ここで少し遠回りをして、俳句という世界で一番短い伝統的な詩型に話を移します。俳人の黛まどか（1962〜）と脳科学者の茂木健一郎（1962〜）は俳句の省略をめぐる問題について対談し、それを『俳句脳——発想、ひらめき、美意識』（2008年）という本にしています。そこで黛は次のように語っています。

> 「……長いものの方がより素晴らしく、より高質だと捉える見方もありますが、俳句だって、実は長いものなんですよ。そこを削っているだけなんです。（中略）言葉の上では一七音節しか書きませんが、あとのことは余白に漂っているのです。私たち俳人が一七音を紡ぐとは、同時に余白を紡ぐことなのです。ですから、言葉にどれだけの余白が紡げるか、そしてその余白に、どれだけのものを漂わせることができるかを常に考えます。たまたま文字や言葉として表れたものが短いだけで、実はその余白にものすごいことを紡いで、それを隠しているというのが俳句なのですよ。」
> 　　　　　　　　　　　　　　　　　　（下線は筆者）

　黛が言いたいことは、ことばで表せるものを俳句表現に

する前に省略に省略を重ねて有意味な「余白」を創るということです。俳句にとって省略は無意味なゼロではなくて、有意味な余白だという主張です。しかし、余白は読み手に同じようにコミュニケートできるものなのでしょうか。言い換えると、余白の解釈は俳人が決めるものではなく、鑑賞者の主観的な受け取り方によるのではないでしょうか。

余白を解釈する

比較文学者のエリス俊子は「「菜の花」への眼差し──「外」から眺めた日本語について」(1998年) という論文の中で、与謝蕪村 (1716〜84) の次の有名な俳句を論じています。

　菜の花や　月は東に　日は西に

この俳句の英訳例としては次のようなものがあります。

The sun is in the west
the moon is in the east
kanola blossoms in the middle.

（三浦ダイアンと三浦清一郎訳）

エリスは「外国語としての日本語」という東大の講義で学生たちにワーズワース風の詩に翻案させました。そのときの学生の一人だったクレア・マリイ（現メルボルン大学の社会言語学者）は、まず、次のような直訳風の訳をつけました。

第 8 章　翻訳に見る「日本語」の文体

　　Behold, rapeseed flowers（見よ、菜の花を）
　　Moon in the east（月は東に）
　　Sun in the west（日は西に）

　そして俳句の非省略版を狙って、次のような翻案の詩を書きました。マリイにとっての余白の解釈です。英国の桂冠詩人ワーズワース（1770〜1850）の詩のような長い英詩になっています。スタンザごとに下に散文的な拙訳をつけておきます。

　　Behold, mustard flowers unfold
　　（高く上った月の下に、）
　　Beneath the moon which rising high
　　（ほら、菜の花があんなに広がっている）
　　Softly lights as it climbs
　　（昇るにつれて月の光は柔らかく）
　　The edges of the eastern sky
　　（東の空の隅々を照らしている）
　　And still the sun remains aglow
　　（太陽はまだ煌々と照らし）
　　As it lingers west, so low
　　（西に低く）
　　In the corner of the field
　　（野辺の端にたたずんでいる）
　　Where flowers their beauty wield
　　（花たちが美しさを巧みに使う野辺で）

'Tis such a sight as to be seen
(遠くの農家の牧草地に広がる光景の)
O'er farmhouse meadows afar
(すばらしさ)
As day says her last farewell
(日暮れに最後の別れを告げ)
Sun and moon together gleam
(太陽と月は輝き合う)
Twinned they shine upon the face
(二つは寄り添って)
Of spring flowers in their place
(地上の春の花の顔に輝きわたる)
Greeted by the rustling breeze
(谷間から繊細な春の葉を吹き抜けてくる)
Which sweeps from Vale through fine new leaves
(風がかさこそと挨拶をしに来る)
Fluttering blossoms, ne'er confused
(風に揺れる花たちは黄金の目をどこから)
Whence to show their golden eyes
(見せるべきか迷いはない)
For moon and sun are friends this day
(この日、月と太陽は悦びの野辺で)
In a field where happiness lies
(友達になり、)
Nestled in a bed of gold
(黄金のベッドに気持ちよく横たわり)

第 8 章　翻訳に見る「日本語」の文体

Such beauty I've yet to behold
（東と西が一つになり）
East and west join to be one
（未だに見たことのない美しさ）
The radiance of moon and sun
（月と太陽の輝き）

I pause perchance to catch a glance
（私は偶然立ち止まり）
Of Mother Nature's playful dance
（母なる自然の戯れの踊りを眺めた）
Should the night be ne'er to come
（夜が万一訪れなければ）
My wand'ring soul shall hitherforth
（私のさまよいの魂はこれから）
Stay within the charms of light
（光に魅せられつづけるだろう）
Trapped in this time not day not night
（今は昼でも夜でもない時間にはめられる）
Beside the flowers as they grow
（輝く花のもと）
Beneath the moon and sun that glow
（輝きわたる月と太陽のもと）

　翻案はあくまで原作を下敷きにして自分のことばで書き換える操作であり、翻訳とは異なります。しかし、マリーの翻案は黛が言う俳句の「余白」を言語化した例と言える

と思います。この英詩では反復による修辞法としての頭韻や脚韻がついているし、「月」「日」「菜の花」が、それぞれ4回も繰り返され、その上にマリーの原詩の解釈が加わっています。俳句は5－7－5音節しかないので、蕪村の俳句でも繰り返されているのは助詞の「は」と「に」ぐらいです。繰り返しが出てくる有名な俳句としては、一茶の「やれ打つな　蠅が手をする　足をする」「すずめの子　そこのけそこのけ　お馬が　通る」、蕪村の「春の海　ひねもすのたり　のたりかな」が挙げられます。これらは、それぞれ、足を摺りつづける反復動作、一茶の間投詞的な「そこのけ」の叫び、春の海のゆっくりとした波の様子を視覚的に表現しています。

　エリスによると、蕪村が唐代の詩人陶淵明（365～427）の影響を強く受けていて、「菜の花や」の俳句も陶淵明の「雑詩其二」にある14行の詩の翻案であったと言っています。しかし、最初の4行はたしかに蕪村の俳句に似ていますが、全体としてはかなり中身が異なるので翻案かどうかわかりません。その最初の8行だけを引用しておきます。もし蕪村の俳句が陶淵明の詩の翻案だとするとマリーのは翻案の翻案だということになります。

　　白日淪西阿／素月出東嶺／遥遥萬里輝／蕩蕩空中景／風來入房戸／夜中枕席冷／氣變悟時易／不眠知夕永
　　白日西阿に淪み／素月東嶺より出づ／遥遥たる万里の輝き／蕩蕩たる空中の景／風来たって房戸に入り／夜中枕席冷ゆ／気変じて時の易われるを悟り／眠らずして夕べの永きを知るか

（訳者不明）

第 8 章　翻訳に見る「日本語」の文体

　ここで思い出すのは、桑原武夫が終戦翌年の『世界』（1946年11月号）に出し、後に講談社学術文庫（1976年）にも採録された「第二藝術——現代俳句について」です。これは当時衝撃的な反響を呼び起こした短い評論です。次の引用は桑原の現代俳句批判です。

> わかりやすいということが芸術品の価値を決定するものでは、もとよりないが、作品を通して作者の経験が鑑賞者のうちに再生産されるというのでなければ芸術の意味はない。

　しかし、私の考えでは、俳句が「鑑賞者」によって一律に解釈されないからといって、俳句を「第二芸術論」と結論することは当たっていないと思います。むしろ言語芸術の解釈に正解はないというのが正解ではないかと思います。

8-3　リズムと繰り返し

　すでに詩の翻訳に触れたときにも述べたように、詩の修辞法には俳句や短歌の５－７－５が醸し出すリズムや英詩の頭韻や押韻により作られるリズムは不可欠です。本章で考えてきたリズムもことばだけではなく、ことばにも音楽にもリズムが不可欠な要素として存在し、「ことばは音楽だ」という隠喩が成立するぐらいです。

　村上の『螢』（1984年）から反復の実例を見てみます。この実例は、『ノルウェイの森』の２章と３章に対応する部分で、アルフレッド・バーンバウムが抽出して翻訳をほ

どこしたものです。

例文と一緒に、私が非反復文に書き換えた文も並べています。[　]に入った「その」や「それは」がありますが、それらは省略可能です。

英訳もふたつ並んでいます。ひとつめは私が原文の反復文をそのまま英語に直訳したもの。（　）内の英訳は、アルフレッド・バーンバウムが訳したものです。

【a】学生服が桐の箱を開ける。箱の中にはきちんと折り畳まれた国旗が入っている。
【a′】学生服が桐の箱を開ける。[その]中にはきちんと折り畳まれた国旗が入っている。
Uniform opened the paulownia box. Inside the box was a neatly folded national flag.
(Uniform opened the box to reveal a neatly folded banner.)

【b】そして服を着て洗面所に行き顔を洗う。顔を洗うのにすごく長い時間がかかる。
【b′】そして服を着て洗面所に行き顔を洗う。それにすごく長い時間がかかる。
And he'd get dressed, go to the bath room and washed his face. It took him an awfully long time to wash his face.
(He'd get dressed, go to the bathroom and washed his face — for ever.)

【c】死は生の対極存在ではない。死は既に僕の中にある

のだ。

【c′】 <u>死</u>は生の対極存在ではない。［それは］既に僕の中にあるのだ。

Death isn't the opposite of life. <u>Death</u> already exists within me.

(<u>Death</u> was not the opposite of life. It was already here, within my being.)

【d】 彼女と会ったのは<u>半年</u>ぶりだった。<u>半年</u>のあいだに彼女は見違えるほどやせていた。

【d′】 彼女と会ったのは<u>半年</u>ぶりだった。そのあいだに彼女は見違えるほどやせていた。

Almost <u>half a year</u> had gone by since I had last seen her. In that <u>half a year</u> she had lost so much weight that she looked like a different person.

(<u>Almost a year</u> had gone by since I had last seen Naoko, and in that time she had lost so much weight as to look like a different person.)

【e】 僕は何百回となくこの彼女の手紙を<u>読みかえ</u>した。そして<u>読みかえ</u>すたびにたまらなく悲しい気持になった。

【e′】 僕は何百回となくこの彼女の手紙を<u>読みかえ</u>した。そしてそのたびにたまらなく悲しい気持になった。

I <u>re-read</u> her letter hundreds of times. And each time I <u>re-read</u> it I felt unbearably sad.

(I <u>read</u> Naoko's letter <u>again and again</u>, and each time I would be filled with that unbearable sadness.)

【f】僕は螢の入ったインスタント・コーヒーの瓶を持って<u>屋上</u>に上った。<u>屋上</u>には人影はなかった。
【f′】僕は螢の入ったインスタント・コーヒーの瓶を持って<u>屋上</u>に上った。そこには人影はなかった。
I took the instant coffee bottle with the firefly in it and went up to the <u>roof</u>. On the <u>roof</u> there was nobody.
（I took the bottled firefly to the roof. No one else was up there.）

　原文の反復が創りだすリズム感は翻訳を見てみると消えてしまっています。英語としてはいかにもくどく聞こえ、反復を避けているのです。しかし、日本語では、私の書き換え文のように、繰り返さず「その」、「それ」といった指示代名詞を使うことも可能です。しかし、省略すると、リズム感は失われてしまいます。反復版は、しばしば、リズムを形成し、読者を様々な感情に巻き込むことに貢献するのです。他方、省略は一度出てきた古い情報はカットしてしまいます。作家の文体を探るときにはその作家がどのような語彙・構文・テーマなどを繰り返し使っているかを探ることで発見できます。しかし、村上のように繰り返すこと自体が文体になっているのは極めて珍しいと思います。

英語で反復が起こる場合
　では反対に、日本語では繰り返すことが難しいのに、英語ではそれが普通の場合はあると思いますか。次の英語の２つの作例を日本語にしてみてください。下線部は繰り返

第8章 翻訳に見る「日本語」の文体

されている人称代名詞です。

【a】 Yesterday I took my friend by my car to see my favorite game between Yankees and Boston Red Sox.

【b】 Last Saturday evening she and her boyfriend ate Italian food which they love at her favorite Italian restaurant in town.

どうですか。反復部分を英語の通り日本語に訳しましたか。もしそうしたら下の日本語訳のように大変奇妙な日本語になってしまいますね。

【a′】 ?? きのう僕は僕の車で僕の友達を連れて僕が好きなヤンキース対ボストン・レッドソックスの試合を見に行った。

【b′】 ?? 先週の土曜日の晩彼女と彼女のボーイフレンドは彼らが大好きなイタリア料理を彼女の行きつけのイタリア料理店で食べた。

　日本語では普通名詞の場合やフレーズの場合は今まで見てきたようにかなり自由に繰り返せますが、代名詞は省略するのが普通です。英語は代名詞が文法上必須なので省略したら文が崩壊してしまいます。
　ところが村上春樹は『螢』の中で「僕」という1人称代名詞をまるで英語のように繰り返しています。

［1］いったい自分が今何をしているのか、これから何をしようとしているのか、僕にはまるでわからなかった。［2］僕は大学の講義でクローデルを読み、ラシーヌを読み、エイゼンシュタインを読んだ。［3］彼らはみんなまともな文章を書いていたが、それだけだった。［4］僕はクラスでは殆んど友だちを作らなかった。［5］寮の連中とのつきあいもだいたい同じようなものだった。［6］僕はいつも本を読んでいたので、みんなは僕が小説家になりたがっているのだと思っていたが、僕は小説家になんかなりたくはなかった。 　　（下線は、反復されている1人称代名詞の「僕」）

[1] I had no idea what I was doing or what I was going to do. [2] For my courses I would read Claudel and Racine and Eisenstein. [3] They all wrote decently, but that was all. [4] I made no friends at the lectures. [5] My relationship with others in the dorm was about the same. [6] I was always reading books, so everybody thought I wanted to become a novelist, but I had no such ambition.

　　（アルフレッド・バーンバウム訳。下線は筆者）

　英語母語読者が下の英訳を読んでも何も違和感がありませんが、日本人が元の日本語版を読むと村上は日本語の英語化をめざしているのかと思う人もいるでしょう。高校時代に英語でアメリカの小説を読み漁っていたことも関係していますが、ひょっとして村上は日本語を英語に同化させることによって、本質的には異化を狙ったとも考えられま

す。

漱石の不自然な日本語

英語の影響を強く受けているであろう作家に夏目漱石も挙げることができます。漱石は明治初期にどっと日本に入ってきた英語の影響を受けただろうし、英文学を東京大学で学びました。出版こそしていないけれど、旧制の第五高等学校（熊本）で英語を教えていた時には教室で学生に読み物を翻訳させていたに違いありません。さらにイギリスにも文部省から2年間派遣され滞在したこともあり、漱石の文体には英語的な表現が極めて多いのだと思われます。その底辺には漢文の影響もあったに違いありません。

下の漱石の文はすべて未完の小説『明暗』からの引用です。あなたは1つ1つの文を日本語として自然だと考えますか、それとも不自然だと考えるでしょうか。私には書かれていることの意味はわかりますが、不自然だと思います。読者のみなさんはいかがでしょう。引用文の後にジョン・ネーサンの英訳を載せますから、原作とその訳本の2つを比較してください。

【a】 自分の態度なり所作なりが原動力になって、相手をそうさせたのだという自覚が彼をなおさら嬉しくした。
It was additionally pleasing to realize that her generosity had its source in his own attitude and behavior.

【b】 白い歯が何より先に彼の視線を奪った。
It was first of all her white teeth that seized and held his

gaze.

【c】しかしそれを嬉しがるには、彼女（筆者注・お延）の胸が、あまり自分の感想で、いっぱいになり過ぎていた。
But O-Nobu's heart was now too full of her own feelings to rejoice at this.

【d】女同志の好奇心が彼女の神経を鋭敏にした。
Her curiosity as a fellow member of the female sisterhood made her acutely conscious.

【e】価段（ねだん）から云っても看護婦などのはきそうもない新らしいその下駄が突然彼女の心を躍らせた。
New geta that, by the look on them, were to expensive to be worn by a nurse or a menial, they made her pulse quicken.

【f】水道ばかりを使い慣れて来た津田の眼は、すぐ自分の居（お）り場所を彼に忘れさせた。
Tsuda was accustomed to using tap water, and his eyes quickly tricked him into forgetting where he was.

　英語と違って日本語では上のような表現はあまり使われません。村上と漱石を比較すること自体を無意味ではないか、と思う読者もいるでしょう。しかし、私がここで試みたのは作家の時代とそのテーマを超えてこの二人が文体を共有していることです。

第 8 章　翻訳に見る「日本語」の文体

漱石と村上春樹の共通点

あと 1 つ漱石と村上に共通している文体を挙げます。

村上文体の特徴として前の文の要素を、たとえば、村上春樹は「学生服が桐の箱を開ける。箱の中にはきちんと折り畳まれた国旗が入っている」のように、次の文で繰り返す場合が多いということをすでに本節で書きました。漱石も「明暗」でこのような反復をよく使っています。

【a】藤井は四年前長女を片付ける時、仕度をしてやる余裕がないのですでに相当の借金をした。その借金がようやく片付いたと思うと、今度はもう次女を嫁にやらなければならなくなった。

Fujii had borrowed a considerable sum of money. No sooner had he finally paid off the loan than it was time to arrange his second daughter's marriage.

【b】同時に彼は自分と叔母との間に取り換わされた言葉の投げ合いも思い出さずにはいられなかった。その投げ合いの間、彼は始終自分を抑え付けて、なるべく心の色を外へ出さないようにしていた。

At the same time, he couldn't help recalling the words he had exchanged with his aunt. Throughout their squabble he had held himself in check careful to conceal to the extent possible his true bias.

【c】お延はさも軽蔑した調子で礼を言った。その礼の中

に含まれていたにがにがしい響きは、小林にとってまったく予想外のものであるらしかった。

The words conveyed unmistakable derision and an echo of bitterness that appeared to be beyond anything Kobayashi was expecting.

【d】ただ底から現われて来る手紙をむやみに竹の棒で<u>突ッついた</u>。<u>突ッつく</u>たびに、火になり切れない濃い煙が渦を巻いて棒の先に起った。

Instead, he continued to <u>jab away</u> with the bamboo pole at the letters appearing from the bottom of the pakage. Each time he <u>stabbed at</u> the smolderin package, thick smoke obscured the end of the pole and the burning letters.

【e】彼女は何より先にまず、枕元にある<u>膳</u>を眺めた。<u>膳</u>の上はきたならしかった。

The first thing she took in was <u>the tray</u> at the head of Tsuda's mattress. <u>It</u> was a mess.

【f】価段から云っても看護婦などのはきそうもない新らしいその<u>下駄</u>が突然彼女の心を躍らせた。<u>下駄</u>はまさしく若い婦人のものであった。

New <u>geta</u> that, by the look of them, were too expensive to be worn by a nurse or a menial, they made her pulse quicken. Unmistakably <u>they</u> belonged to a young wife.

漱石の原作と英訳を比べてすぐわかることは、英語では

174

第8章　翻訳に見る「日本語」の文体

原作の繰り返しがすべて消えている点です。つまり英語は同じ表現を近接して繰り返すことを嫌うのです。では村上と漱石に共通の文体は何でしょうか。一言で言えば、音を繰り返すことがただ音の反復ではなく、それ自体が意味を持っているということです。リズムを作ること、描写の視覚性、継続性に焦点を置くことによって描写にリアリティをつけています。これを「写像性」と呼びます。英訳と見比べて、私の一般化が正しいかどうかを考えてください。

　漱石と村上の文体がかなり酷似しているのはカール・ビュッホンが1753年にアカデミーフランセーズの入会演説で言った「文は人なり」の「人」が近似しているからかもしれません。

村上春樹の戦略

　漱石と村上は、繰り返しの文体は非常に似ていますが、それ以外ではかなり違っています。たとえば、漱石は文の主語にできる名詞を連体修飾節の後に持ってくる構文を非常によく使っています。まずは例文を見てみましょう。

> 【a】小さいうちから彼の世話になって成長した<u>お延</u>は、いろいろの角度で出没するこの叔父の特色を他人よりよく承知していた。
> <u>O-Nobu</u> had been under her uncle's care since she was a little girl, and she knew better than others the idiosyncrasies that emerged and receded in him from a variety of angles.

175

【b】 いかにして異性を取り扱うべきかの修養を、こうして叔父からばかり学んだ彼女は、どこへ嫁に行っても、それをそのまま夫に応用すれば成効するに違いないと信じていた。

What she knew about handling the opposite sex she had learned from her uncle exclusively, and she believed she would have only to apply his training to her husband to succeed in her marriage.

【c】 多年の多忙と勉強のために損なわれた健康を回復するために、当分閑地についた昨今の彼には、時間の余裕も充分あった。その時間の空虚なところを、自分の趣味に適う模細工で毎日埋めて行く彼は、今まで自分とまったく縁故のないものとして、平気で通り過ぎた人や物にだんだん接近して見ようという意志ももっていた。

Recently, having taken a step back to a somewhat quiet place, and attempt to restore his health after long years of too much work and study, he also enjoyed an abundance of free time and took pleasure in filling the emptiness of his leisure hours with a mosaic of things that accorded with his tastes.

【d】 けれどもお延と違った家庭の事情のもとに、過去の四五年を費やして来た彼女（＝お延）は、どこかにまたお延と違った心得をもっていた。

Even so, having spent the past four or five years in family circumstances very unlike O-Nobu's, her understanding of

第 8 章　翻訳に見る「日本語」の文体

certain things was also different.

【e】この前療治を受けた時、すでに同じ現象の発見者であった<u>彼</u>は、思わず「また始まったな」と心のうちで叫んだ。
Familiar with the same sensation from the last time he had been treated, he cried out involuntarily to himself, "Not again!"

【f】嫂に対して何とか説明しなければならない位地に追いつめられた<u>彼女</u>は、こう言いながら腹の中でなおのことその嫂を憎んだ。
Having been driven into the poition of having to offer her sister-in-law an explanation, <u>she</u> felt in her heart even as she spoke a renewed hatred for her.

　たとえば例文【a】を普通の文体で書き換えるとどうなるかを考えてください。元の文は英語の関係節のようになっていますね。

【a′】<u>O-Nobu</u>, who had been under her uncle's care since she was a little girl, knew better than others the idiosyncrasies that emerged and receded in him from a variety of angles.

　訳者は訳文でわかるように「お延」を文頭に移しています。例文の【a】を始め、原文は「ので」「が」「〜て」な

どの接続詞表現で書き換えることができます。しかし、漱石は、たとえば例文【b】の文を以下のように下線部の接続詞を使って表現していません。「彼女はいかにして異性を取り扱うべきかの修養を、こうして叔父からばかり学んだ<u>けれども／のに</u>、どこへ嫁に行っても、それをそのまま夫に応用すれば成効するに違いないと信じていた」。漱石は書き手として接続詞を明示しないで読み手に解釈を委ねているのではないかと思います。

　逆に、村上に特徴的な文体は、次のような文例に現れている後置文の使用です。後置文とは完了したと思わせる先行文の後に加える副詞句か副詞節です。村上の場合はそれがほとんど比喩表現になっています。以下の例文はすべて『色彩を持たない多崎つくると、彼の巡礼のとき』から採ったものです。

【a】なぜそこで最後の一歩を踏み出さなかったのか、理由は今でもよくわからない。そのときなら生死を隔てる敷居をまたぐのは、生卵をひとつ呑むより簡単なことだったのに。

【b】そして新しい（変更を加えられた）自分という存在に少しずつ心を馴らしていった。新しい言語を習得し、その語法を暗記するのと同じように。

【c】しかし父親はその名前の由来について一度も語らなかった。つくるにも、あるいは他の誰にも。

【d】その四人は今でもまだ彼の背中に張り付いている。おそらくは沙羅が考えている以上にぴったりと。

第8章 翻訳に見る「日本語」の文体

【e】針がレコードの溝を静かにトレースし、ラザール・ベルマンが演奏を繰り返した。どこまでも繊細に、美しく。

　村上が文体の戦略として狙っているのは、日本語の持つ文末重視の文体を利用して読み手を引き込むことではないかと思います。村上の場合、この後置文は比喩表現になることが多いので、上の例文のように情感が強く表現されます。このような後置文は漱石の文体には見られません。漱石の文体について少し触れました。この章は反復がテーマですが、文体も反復現象の1つなのです。ある書き手が好んで繰り返す構文というものがあります。繰り返しがあるからこそ書き手の文体が抽出できるのです。

まとめ

　最後に本書で書いたことをまとめておきます。
　翻訳はさまざまな目的で母語の日本語（ウチ語）を外国語（ソト語）である英語言語に移したり、ソト語をウチ語に移すことです。いかに翻訳が優れていても、原語を目標言語に翻訳するときにどうしても消えてしまうものがあります。本書ではそれが何かを突き詰めてきました。そのために、翻訳をどうやってするかという技術的なことには一切触れませんでした。翻訳によって消えてしまうものをどうして追い求めたのか、その理由はウチ語とソト語の深層の特徴がつかめるからです。
　日本語で書かれた文芸作品を英語に翻訳するときに、音も表記も当然消えてしまいます。この２つはウチ語が何語であろうと、ソト語が何語であろうと、関係なく消えてしまいます。そこで私は詩の翻訳を読むときは原音をCDなどで聴くべきではないかという提案をしました。
　言語の響き、つまり音には象徴性があると考えます。それを理解するにはオノマトペの響きを思い出すとよいですが、本書では、音と意味が結びついているオノマトペ以外に、基本的な助詞の語頭の子音が口蓋音の [k]/[g] か鼻音の [m]/[n]/[N] かで、「冷たさ」「客観性」対「感覚性」「主観性」という音象徴を表すことも指摘しました。音は単なる音ではなく、象徴性があり、翻訳ではそれらは消えてし

まうのです。

　翻訳で消えてしまう日本語ならではの特徴として、訓読みと音読みの違いもあります。訓読みはウチ的読み方で、共感を持って人が近づく対象を表し、音読みはソト的読み方で、近づきたがらない対象を表しますが、それは両極化しているのではなく、連続体になっていることも指摘しました。具体的には、音読みと訓読みが対になっている「山（やま／サン）」とか「島（しま／トウ）」は音読みより訓読みの方が共感度が強い点などが挙げられます。表記について言えば、平仮名表記が共感度が高く、片仮名表記が一番低く、漢字表記はその中間です。このようなことは英語のアルファベット表記では表現できません。

　3章では比喩についても扱いました。私は『日英共通メタファー辞典』（2017年。岡まゆみと共著）を書きました。その過程でもわかったことですが、人間は直喩、隠喩、擬人化、シネクドキ、メトニミーのどれをとっても、身近な自分の体の部分や自分の住んでいる環境にあるもの——つまり、ウチのもの——を比喩の対象に選びます。したがって比喩は人間に共通の文化であると同時に、より個別化された環境文化を反映しています。前者は翻訳で消えませんが、後者は消えてしまいます。

　日本の文芸の英訳例を通して消えるものが何かを観察して日英語のおもしろい差をつかむことができました。日本語ではどうして時制（テンス）が現在形から過去形へ、過去形から現在形に替わるのか、日本語は単数の名詞に「たち」がついて急に複数に替わるのか、どうして「です／ます体」が「だ体」に替わるのか、といった交替現象は英訳

まとめ

では消えてしまいます。これも最終章では拙著『くりかえしの文法』の考えと平田オリザさんの考えの共通点を述べながら、きわめて普遍的な反復現象を相互交流というコミュニケーションの視点から考えました。繰り返しはいろいろな面がありますが、最後に触れた文体の問題は目下私が研究している領域です。

　本書は決して翻訳方法を説いた本ではありませんが、翻訳に興味を持っていらっしゃる読者に翻訳について新しい角度から考える機会になったことを願っています。ご拝読、ありがとうございました。本書を読んでご質問やコメントがある方は遠慮なく smakino@princeton.edu にメールをお送りください。

参考文献

●日本語文献

池上嘉彦（1981）『「する」と「なる」の言語学―言語と文化のタイポロジーへの試論』大修館書店

池上嘉彦（2000）『「日本語論」への招待』講談社

岩田慶治（1993）『アニミズム時代』法蔵館

梅原猛（1996）「日本の思想―神道と仏教」日本研究・京都会議報告書、国際日本文化研究センター、国際交流基金（Vol. IV）pp. 265-275.

大谷篤蔵（1963）校注『校本芭蕉全集』第2巻（発句篇 下）角川書店

岡田利兵衛（1972）編『図説芭蕉』角川書店

小澤征爾、村上春樹（2011）『小澤征爾さんと、音楽について話をする』新潮社

郭南燕（2013）編著『バイリンガルな日本語文学』三元社

河上誓作（1996）編著『認知言語学の基礎』研究社出版

小林英夫（1940）『言語学原論』（ソシュールの訳本の序文）岩波書店

金水敏（2003）『ヴァーチャル日本語役割語の謎』岩波書店

久野暲（1973）『日本文法研究』大修館書店

久野暲（1978）『談話の文法』大修館書店

久野暲、牧野成一、スーザン・G・ストラウス（2007）編『言語学の諸相』くろしお出版

黒川紀章（1992）「機械の時代から生命の時代へ」Japan Architect. Summer No.7, pp. 98-109.

河野六郎（1994）『文字論』三省堂

桑原武夫（1990）『第二芸術―原題「現代日本文化の反省」』長谷川泉（監修）日本図書センター

佐藤信夫（1992）『レトリック感覚』講談社

柴田元幸、沼野充義、藤井省三、四方田犬彦（2009）編『世界は村上春樹をどう読むか』文藝春秋

鈴木孝夫（1996）『教養としての言語学』岩波書店
瀬戸賢一（1995）『メタファー思考』講談社新書
中村明（2007）『日本語の文体・レトリック辞典』東京堂出版
野地潤家（1973）『幼児期の言語生活の実態』（Vol. 1）文化評論出版
服部四郎（1959）『日本語の系統』岩波書店
平田オリザ（2001）『対話のレッスン』小学館
平田オリザ、北川達夫（2008）『ニッポンには対話がない』三省堂
平田オリザ（2012）『わかりあえないことから―コミュニケーション能力とは何か』講談社現代新書
平田喜信、身崎寿（1994）『和歌植物表現辞典』東京堂出版
巻下吉夫、瀬戸賢一（1997）『文化と発想のレトリック』研究社出版
牧野成一（1978）『ことばと空間』東海大学出版会
牧野成一（1980）『くりかえしの文法』大修館書店
牧野成一（1983）「物語の文章における時制の転換」月刊『言語』12月号、大修館書店、pp. 109-117.
牧野成一、畑佐由紀子（1989）『読解―拡大文節の認知』外国人のための日本語例文・問題シリーズ18、荒竹出版
牧野成一（1996）『ウチとソトの言語文化学―文法を文化で切る』アルク
牧野成一（1999）「音と意味の関係は日本語では有縁か―鼻音 vs. 口蓋音と文法形式のケーススタディ」アラム佐々木幸子編『言語学と日本語教育―実用的言語理論の構築を目指して』くろしお出版、pp. 1-32
牧野成一（2007）「認知世界の窓としての日本語の複数標示-タチ」久野暲、牧野成一、スーザン・ストラウス編『言語学の諸相』くろしお出版、pp. 109-120（英文）、pp. 121-130（和文）
牧野成一（2013）「日本語の異化と多様化―リービ英雄のケース・スタディ」郭南燕編『バイリンガルな日本語文学』三元社、pp. 47-73
三島由紀夫（1969）『文章読本』中央公論社
村上春樹（1997）『若い読者のための短編小説案内』文藝春秋
村上春樹、柴田元幸（2000）『翻訳夜話』文春新書
茂木健一郎、黛まどか（2008）『俳句脳―発想、ひらめき、美意識』

角川 One テーマ21
森田良行（1994）『動詞の意味論的文法研究』明治書院
籾山洋介（2002）『認知意味論のしくみ』研究社
ラマチャンドラン・V．S．（2013）『脳の中の天使』（山下篤子訳）
　　角川書店
柳父章（1982）『翻訳語成立事情』岩波新書
吉田夏彦（1990）『デジタル思考とアナログ思考』日本放送出版協会

『岩波古語辞典』（1974）岩波書店
『古事記』（ca 712）國學院大學デジタルライブラリー

● 英語文献

Changizi, Mark (2011) *Harnessed: How Language and Music Mimicked Nature and Transformed Ape to Man* New York: BenBella Books.

Conti, Gregory (2011) "Defining a rule for the use of infinitive and gerund complements" *English Language Teaching*, Vol.4, No.3, September.

Cook, Haruko Minegishi "The social meanings of the Japanese plain form" Vol. 10, *Japanese Korean Linguistics,* (ed. By Noriko M. Akatsuka & Susan Strauss, Center for the Study of Language and Information , Stanford.

Grice, H.P. (1975). "Logic and Conversation," *Syntax and Semantics*, vol.3 edited by P. Cole and J.Morgan, Academic Press. Reprinted as ch.2 of his *Studies in the Way of Words* (1989), Harvard University Press, 22-40.

Hasegawa, Yoko (2012) *The Routledge Course in Japanese Translation*. London/New York: Routledge.

Hillman, James (1975) *Re-Visioning Psychology.* New York: Harper Perennial.

Hopper, Paul J. (1979) Aspect and Foregrounding in Discourse, *Syntax and Semantics*, Vol. 12. *Discourse and Syntax*. New York: Academic Press.

Kawaguchi, Mariko (2009) "Sound symbolism in naming in Japanese" Paper presented at the *Central Association of Teachers of Japanese Conference*, Michigan State University, East Lansing pp:

Kuno, Susumu (1973) *The Structure of the Japanese Language*. Cambridge: MIT Press.

Lakoff, George & Johnson, Mark (1980) *Metaphor We Live By*. London/Chicago: University of Chicago Press. (1983) ／渡部昇一、楠瀬淳三、下谷和幸訳『レトリックと人生』(1986) 大修館書店

Makino, Seiichi (1977) "On the nature of the Japanese potential constructions", *Papers in Japanese Linguistics*, v.4, 97-124.

Makino, Seiichi & Tsutsui, Michio (1986) *A Dictionary of Basic Japanese Grammar*, Tokyo: The Japan Times.

Makino, Seiichi (2007) "The Japanese pluralizer–*tachi* as a window into the cognitive world", in Susumu Kuno, Susan G. Strauss, and Seiichi Makino (eds.) *Aspects of Linguistics: In Honor of Noriko Akatsuka*, Tokyo: Kurosio Publishers, 109-120

Miura, Akira (1974) "The V-u Form vs. the V-ta Form." *Papers in Japanese Linguistics* 3, pp. 95-121. (1996)

Nemoto, Naoko (2000) "On [+animate] plural NPs in Japanese". *The 8th Princeton Japanese Pedagogy Workshop Proceedings* (ed. S.Makino), 17-35.

Sartre, Jean-Paul (1936) L'imagination, Paris: PUF.

Saussure, Ferdinand de (1916) (Published by C. Bally, A. Sechehaye), *Cours de linguistique générale* Paris: Payot

Schiffrin, Deborah (1981) "Tense variation in narrative" *Language* 57:1, 45-62.

Talmy, Leonard (1978) Figure and ground in complex sentences. In Joseph H. Greenberg. (ed.) *Universals of Human Language* 4: *Syntax*, pp. 625-649, Stanford: Stanford University Press.

Siewierska, Anna (2005) "Passive constructions" In Martin Haspelmath, Matthew S. Dryer, David Gil, & Bernard Comrie (eds.), *The world atlas of language structures*. Oxford: Oxford University

Press. (Available online here.)

Tyler, Edward B. (1871) *Primitive Culture — Researches into the Development of Mythology, Philosophy, Religion, Language*, Art and Custom. Vol. 1 & 2, New York: Henry Holt & Co.

Tylor, Edward (1871) The Primitive Society ／比屋根安定訳『原始文化』(1962) 誠信書房

● 引用文芸作品

芥川龍之介 (1915)『羅生門』(英訳は Takashi Kojima)

芥川龍之介 (1916)「手巾」(『中央公論』10月号、中央公論社)

池井昌樹 (2008)『眠れる旅人』

石川啄木 (1910)「一握の砂」(『啄木歌集』岩波文庫)

石川啄木 (1977)『啄木ローマ字日記』岩波文庫

井上健 (2011)『文豪の翻訳力―近現代日本の作家翻訳』武田ランダムハウスジャパン

井上ひさし (1981)『吉里吉里人』新潮文庫

ヴェルレーヌ、ポール (1866)「秋の歌」

江戸川乱歩 (1936)『怪人二十面相』ポプラ社

金子みすゞ「大漁」(制作年代不詳)

倉橋由美子「長い夢路」(1968)『倉橋由美子全作品6』(1976)

川端康成 (1937)『雪国』創元社

川端康成 (1954)『山の音』岩波文庫 (英訳はエドワード・サイデンステッカー)

黒田夏子 (2013)『abさんご』(『文藝春秋』3月号、pp. 414-375、横書きのためページ数は414から始まっている)

座談会「家庭で伝えたい食卓の文化」『婦人之友』1992年10月号、婦人之友社 p. 22)

谷崎潤一郎 (1943)『細雪』(英訳はエドワード・サイデンステッカー)

谷崎潤一郎 (1956)『鍵』(英訳はハワード・ヒベット)

谷崎潤一郎 (1910)『刺青』(『新思潮』11月号)

俵万智、浅井慎平 (1987)『とれたての短歌です』角川書店

夏目漱石（1906）『坊っちやん』（英訳はアラン・ターニー）
夏目漱石（1908）「夢十夜」（『朝日新聞』7月25日〜8月5日）
夏目漱石（1916）『明暗』（英訳はジョン・ネーサン）
日本聖書協会（1968）『口語訳 新約聖書』
平田オリザ（1995）『東京ノート・S高原から戯曲集1』晩聲社
福井県丸岡町（1994）編『日本一短い「母」への手紙』角川書店
二葉亭四迷（1906）「余が翻訳の標準」（『平凡 私は懐疑派だ』講談社文芸文庫）
三島由紀夫（1960）『宴のあと』新潮社（英訳はドナルド・キーン）
水村美苗（1995）『私小説 from left to right』新潮社
宮沢賢治「銀河鉄道の夜」『宮沢賢治名作集』笠間書院（英訳はジョーゼフ・シグリストとD. M. ストラウド）
宮沢賢治（1931）『雨ニモ負ケズ』（英訳はロジャー・パルバース）
村上春樹（2004）『アフターダーク』講談社（英訳はジェー・ルービン）
村上春樹（1984）「螢」『螢・納屋を焼く・その他の短編』新潮文庫
村上春樹（1990）『TVピープル』文藝春秋
村上春樹（1995）『夜のくもざる』新潮文庫
村上春樹（2009）『1Q84』新潮社（英訳はジェー・ルービンとフィリップ・ガブリエル）
村上春樹（2013）『色彩を持たない多崎つくると、彼の巡礼の年』文藝春秋
リービ英雄（1992）『星条旗の聞こえない部屋』講談社（英訳はクリストファー・D・スコット）
リービ英雄（1996）『天安門』講談社
リービ英雄（2008）『仮の水』講談社

牧野成一（まきの・せいいち）

1935年東京生まれ．早稲田大学で英文学を，東京大学で言語学を学ぶ．64年にフルブライト給費生としてアメリカに留学，68年にイリノイ大学でPh.D.を取得．68年から91年までイリノイ大学で日本語・言語学・日本文化を教え，91年にプリンストン大学東洋学科教授に就任．2012年に退任．プリンストン大学名誉教授．2003～05年に全米日本語教育学会長を務め，07年には日本語教育学会賞を受賞．2014年，瑞宝中綬章受章．主な日本語著書に，『ことばと空間』（東海大学出版会，1978年）『くりかえしの文法』（大修館書店，1980年）『日本語基本文法辞典』『日本語文法辞典 中級編』『日本語文法辞典 上級編』（いずれもジャパンタイムズ，それぞれ1989, 95, 2008年，筒井通雄と共著）があるほか，2017年に『日英共通メタファー辞典』（くろしお出版，岡まゆみと共著）を刊行した．その他論文多数．

日本語を翻訳するということ
中公新書 2493

2018年6月25日発行

著 者　牧野成一
発行者　大橋善光

本文印刷　暁印刷
カバー印刷　大熊整美堂
製　本　小泉製本

発行所　中央公論新社
〒100-8152
東京都千代田区大手町1-7-1
電話　販売 03-5299-1730
　　　編集 03-5299-1830
URL http://www.chuko.co.jp/

定価はカバーに表示してあります．
落丁・乱丁本はお手数ですが小社販売部宛にお送りください．送料小社負担にてお取り替えいたします．

本書の無断複製（コピー）は著作権法上での例外を除き禁じられています．また，代行業者等に依頼してスキャンやデジタル化することは，たとえ個人や家庭内の利用を目的とする場合でも著作権法違反です．

©2018 Seiichi MAKINO
Published by CHUOKORON-SHINSHA, INC.
Printed in Japan　ISBN978-4-12-102493-0 C1282

中公新書刊行のことば

 いまからちょうど五世紀まえ、グーテンベルクが近代印刷術を発明したとき、書物の大量生産は潜在的可能性を獲得し、いまからちょうど一世紀まえ、世界のおもな文明国で義務教育制度が採用されたとき、書物の大量需要の潜在性が形成された。この二つの潜在性がはげしく現実化したのが現代である。

 いまや、書物によって視野を拡大し、変りゆく世界に豊かに対応しようとする強い要求を私たちは抑えることができない。この要求にこたえる義務を、今日の書物は背負っている。だが、その義務は、たんに専門的知識の通俗化をはかることによって果たされるものでもなく、通俗的好奇心にうったえて、いたずらに発行部数の巨大さを誇ることによって果たされるものでもない。現代を真摯に生きようとする読者に、真に知るに価いする知識だけを選びだして提供すること、これが中公新書の最大の目標である。

 私たちは、知識として錯覚しているものによってしばしば動かされ、裏切られる。私たちは、作為によってあたえられた知識のうえに生きることがあまりにも多く、ゆるぎない事実を通して思索することがあまりにすくない。中公新書が、その一貫した特色として自らに課すものは、この事実のみの持つ無条件の説得力を発揮させることである。現代にあらたな意味を投げかけるべく待機している過去の歴史的事実もまた、中公新書によって数多く発掘されるであろう。

 中公新書は、現代を自らの眼で見つめようとする、逞しい知的な読者の活力となることを欲している。

一九六二年十一月

哲学・思想

2153 論語	湯浅邦弘	
1989 諸子百家	湯浅邦弘	
2458 折口信夫	植村和秀	
2276 本居宣長	田中康二	
2097 江戸の思想史	田尻祐一郎	
312 徳川思想小史	源　了圓	
2243 武士道の名著	山本博文	
1696 日本文化論の系譜	大久保喬樹	
832 外国人による日本論の名著	芳賀徹編	
2036 日本哲学小史	熊野純彦編著	
2300 フランス現代思想史	岡本裕一朗	
2288 フランクフルト学派	細見和之	
2378 保守主義とは何か	宇野重規	
2187 物語 哲学の歴史	伊藤邦武	
1 日本の名著（改版）	桑原武夫編	
36 荘子	福永光司	
1695 韓非子	冨谷至	
1120 中国思想を考える	金谷治	
2042 菜根譚	湯浅邦弘	
2220 言語学の教室	西村義樹 野矢茂樹	
1862 入門! 論理学	野矢茂樹	
448 詭弁論理学（改版）	野崎昭弘	
593 逆説論理学	野崎昭弘	
2087 フランス的思考	石井洋二郎	
1939 ニーチェ ツァラトゥストラの謎	村井則夫	
2257 ハンナ・アーレント	矢野久美子	
2339 ロラン・バルト	石川美子	
674 時間と自己	木村敏	
1829 空間の謎・時間の謎	内井惣七	
814 科学的方法とは何か	浅田彰・黒田末寿・佐和隆光・長野敬・山口昌哉	
1333 生命知としての場の論理	清水博	
2176 動物に魂はあるのか	金森修	
2203 集合知とは何か	西垣通	
2495 幸福とは何か	長谷川宏	

宗教・倫理

2293	教養としての宗教入門	中村圭志
2459	聖書、コーラン、仏典	中村圭志
2158	神道とは何か	伊藤 聡
1130	仏教とは何か	山折哲雄
2135	仏教、本当の教え	植木雅俊
2416	浄土真宗とは何か	小山聡子
2365	禅の教室	藤田一照／伊藤比呂美
134	地獄の思想	梅原 猛
1661	こころの作法	山折哲雄
989	儒教とは何か（増補版）	加地伸行
1707	ヒンドゥー教──インドの聖と俗	森本達雄
2261	旧約聖書の謎	長谷川修一
2423	プロテスタンティズム	深井智朗
2076	アメリカと宗教	堀内一史
2360	キリスト教と戦争	石川明人
2173	韓国とキリスト教	浅見雅一／安 廷苑
2453	イスラームの歴史	K・アームストロング／小林朋則訳
2306	聖地巡礼	岡本亮輔
48	山 伏	和歌森太郎
2310	山岳信仰	鈴木正崇
2334	弔いの文化史	川村邦光

心理・精神医学

2125	心理学とは何なのか	永田良昭
481	無意識の構造(改版)	河合隼雄
557	対象喪失	小此木啓吾
2061	認知症	池田学
1749	精神科医になる	熊木徹夫
515	少年期の心	山中康裕
2432	ストレスのはなし	福間詳
1324	サブリミナル・マインド	下條信輔
2460	脳の意識 機械の意識	渡辺正峰
2202	言語の社会心理学	岡本真一郎
1859	事故と心理	吉田信彌
666	犯罪心理学入門	福島章
565	死刑囚の記録	加賀乙彦
1169	色彩心理学入門	大山正
318	知的好奇心	波多野誼余夫・稲垣佳世子
599	無気力の心理学	波多野誼余夫・稲垣佳世子
907	人はいかに学ぶか	稲垣佳世子・波多野誼余夫
2238	人はなぜ集団になると怠けるのか	釘原直樹
1345	考えることの科学	市川伸一
757	問題解決の心理学	安西祐一郎
2386	悪意の心理学	岡本真一郎

言語・文学・エッセイ

- 433 日本語の個性 外山滋比古
- 533 日本の方言地図 徳川宗賢編
- 500 漢字百話 白川静
- 2213 漢字再入門 阿辻哲次
- 1755 部首のはなし 阿辻哲次
- 2430 謎の漢字 笹原宏之
- 2341 常用漢字の歴史 今野真二
- 2363 外国語を学ぶための言語学の考え方 黒田龍之助
- 1880 近くて遠い中国語 阿辻哲次
- 742 ハングルの世界 金両基
- 1833 ラテン語の世界 小林標
- 1971 英語の歴史 寺澤盾
- 2407 英単語の世界 寺澤盾
- 1533 英語達人列伝 斎藤兆史
- 1701 英語達人塾 斎藤兆史

- 2086 英語の質問箱 里中哲彦
- 2165 英文法の魅力 里中哲彦
- 2231 英文法の楽園 里中哲彦
- 1448 「超」フランス語入門 西永良成
- 352 日本の名作 小田切進
- 212 日本文学史 奥野健男
- 2285 日本ミステリー小説史 堀啓子
- 2427 日本ノンフィクション史 武田徹
- 563 幼い子の文学 瀬田貞二
- 2156 源氏物語の結婚 工藤重矩
- 1787 平家物語 板坂耀子
- 1798 ギリシア神話 西村賀子
- 1254 ケルト神話と中世騎士物語 田中仁彦
- 2382 シェイクスピア 河合祥一郎
- 2242 オスカー・ワイルド 宮﨑かすみ
- 275 マザー・グースの唄 平野敬一
- 2404 ラテンアメリカ文学入門 寺尾隆吉

- 1790 批評理論入門 廣野由美子
- 2226 悪の引用句辞典 鹿島茂
- 2493 日本語を翻訳するということ 牧野成一

言語・文学・エッセイ

- 1656 詩歌の森へ　芳賀　徹
- 1729 俳句的生活　長谷川　櫂
- 1725 百人一首　高橋睦郎
- 1891 漢詩百首　高橋睦郎
- 2091 季語百話　高橋睦郎
- 2412 俳句と暮らす　小川軽舟
- 824 辞世のことば　中西　進
- 686 死をどう生きたか　日野原重明
- 3 アーロン収容所(改版)　会田雄次
- 956 ウィーン愛憎　中島義道
- 1702 ユーモアのレッスン　外山滋比古
- 2039 孫の力――誰もしたことのない観察の記録　島　泰三
- 2053 老いのかたち　黒井千次
- 2289 老いの味わい　黒井千次
- 2252 さすらいの仏教語　玄侑宗久

220 詩経　白川　静

知的戦略・情報

- 13 整理学 加藤秀俊
- 106 人間関係 加藤秀俊
- 410 取材学 加藤秀俊
- 136 発想法(改版) 川喜田二郎
- 210 続・発想法 川喜田二郎
- 1159「超」整理法 野口悠紀雄
- 1222 続「超」整理法・時間編 野口悠紀雄
- 1662「超」文章法 野口悠紀雄
- 2056 日本語作文術 野内良三
- 1718 レポートの作り方 江下雅之
- 624 理科系の作文技術 木下是雄
- 1216 理科系のための英文作法 杉原厚吉
- 2480 理科系の読書術 鎌田浩毅
- 2109 知的文章とプレゼンテーション 黒木登志夫
- 807 コミュニケーション技術 篠田義明

- 2397 会議のマネジメント 加藤文俊
- 1636 オーラル・ヒストリー 御厨貴
- 2263 うわさとは何か 松田美佐
- 1712 ケータイを持ったサル 正高信男
- 1805 考えないヒト 正高信男